A morte e o imaginário
na adolescência

Silvia Tubert

A morte e o imaginário na adolescência

Companhia de Freud
editora

TÍTULO ORIGINAL
La muerte y lo imaginario en la adolescencia

Editoração Eletrônica
FA - Editoração Eletrônica

Tradução
Paloma Vidal

Revisão
Sandra Regina Felgueiras

FICHA CATALOGRÁFICA

T885m

Tubert, Silvia.

A morte e o imaginário na adolescência / Silvia Tubert ; [tradução Paloma Vidal]. — Rio de Janeiro : Companhia de Freud, 1999.

184 p. ; 23 cm.

ISBN 85-85717- 29-7

Tradução de: La muerte y lo imaginario en la adolescencia.

1. Psicologia do adolescente. 2. Adolescência. 3. Simbolismo (Psicologia).

CDD-155.5

Companhia de Freud
editora

ENDEREÇO PARA CORRESPONDÊNCIA
Rua Visconde de Pirajá, 547 - Sala 702
Cep 22415-900 - Ipanema - Rio de Janeiro
Tel.: (021) 540-7954 – Telefax: (021) 239-9492
email: tereza@ism.com.br

Índice

Índice

A meus filhos

"Se queres a vida,
prepara-te para a morte".

SIGMUND FREUD

Capítulo I
A estrutura adolescente

"Mais perto da morte do que qualquer ser humano, estou, ao mesmo tempo, mais perto das próprias fontes da sexualidade".

Michel Tournier

A maioria das teorias que trataram da adolescência a considera um "cataclismo" que se produz entre dois períodos de relativa estabilidade e calmaria: a infância e a idade adulta.

Por exemplo, G. Stanley Hall, considerado por muitos como o "pai da psicologia da adolescência", fala de um período tormentoso no qual se alternam um entusiasmo prometeico e uma profunda melancolia.

Este tipo de teoria supõe que se conceba o desenvolvimento como uma sucessão evolutiva de etapas que o indivíduo vai superando. Estas etapas corresponderiam a uma situação de equilíbrio homeostático, que ocorre numa estrutura unívoca, coerente, desprovida de contradições.

De fato, da teoria de Stanley Hall depreende-se que o desenvolvimento é produzido de acordo com pautas inevitáveis, imutáveis, universais e independentes do ambiente sócio-cultural.

De maneira similar, A. Gessell delineou "perfis de maturidade" para descrever as características de cada nível de vida, definido em termos cronológicos, destacando a existência de ciclos, subciclos e etapas, opostos entre si pelas condutas que os caracterizam.

Assim, o desenvolvimento aparece dividido em etapas, entre as quais a adolescência é uma "fase de transição"[1]. Dentro de um esquema

---

[1] Outras teorias desse tipo são as de JAENSCH, KROH e REMPLEIN, SULLIVAN, ZELLER e ERIKSON. Cf. R. E. MUSS: *Teorías de la adolescencia*, Paidós, Buenos Aires, 1976.

desse tipo, toda mudança aparece como uma "perturbação" que é necessário eliminar ou superar para prosseguir o percurso preestabelecido e não como algo inerente à constituição mesma do sujeito e a sua relação com o mundo.

A psicologia evolutiva, assim, opera uma fragmentação do processo histórico em "etapas", que muitas vezes são estudadas isoladamente e descritas de forma estática, excluindo o movimento e a contradição. Esse tipo de concepção é produto do pensamento positivista vinculado ao desenvolvimento das ciências a meados do século passado[2].

A concepção positivista procura certas uniformidades empíricas aparentes, que não dizem nada sobre a realidade subjacente que elas expressam. Tal é o caso da obra de A. Gessel.

O "cataclismo" da adolescência suporia a oposição de duas realidades diferentes e com certo grau de independência entre si: a antiga e outra nova, que a substitui definitivamente. Evidentemente, nessa concepção do desenvolvimento, torna-se tão difícil incluir o processo adolescente que ele chega a ser visto, em muitos casos, quase como um fenômeno psicopatológico[3].

Veremos como a psicanálise representa o ponto de partida para uma opção diferente, ainda que, em seu nome, tenham se formulado teorias muito similares às mencionadas, como as de Anna Freud e Peter Blos.

Ao reconhecer a existência da sexualidade infantil, Freud[4] rompeu com a crença de que a sexualidade "surge" no momento da puberdade. Mesmo considerando que a decisão da atitude sexual definitiva se produz a partir da puberdade, Freud mostra que ela é, por sua vez, o resultado de fatores constitucionais e acidentais. Os primeiros correspondem à evolução da libido e os últimos aos acontecimentos vivenciados na infância (séries complementares), de modo que não se deve buscar nela a elaboração de estruturas que serão revividas e superadas na adolescência.

---

[2] Desse processo resultou também a fragmentação das ciências do homem, assim como a segmentação da psicologia em "ramos" ou especializações.

[3] Assim, KNOBEL fala de "síndrome da adolescência normal". Cf. A. ABERASTURY e M. KNOBEL: *La adolescencia normal*, Paidós, Buenos Aires, 1970.

[4] S. FREUD: "Tres ensayos sobre teoría sexual", *Obras Completas*, Biblioteca Nueva, Madri, 1948.

Mas esta superação não significa a substituição de uma velha estrutura, que desaparece, por outra nova, que funda uma etapa de "maturidade adulta". Superação significa transformação em algo novo que conserva em si o antigo.

Para a teoria psicanalítica, a infância não desaparece nunca, assim como nunca se alcança uma maturidade sexual absoluta, contraposta à sexualidade infantil. As organizações sexuais infantis estão contidas na adulta: seus elementos persistem, ainda que revalorizados ou ressignificados numa nova estrutura.

Acredito que só é possível conceber o processo de desenvolvimento em termos de luta de contrários, tal como se evidencia com toda a clareza na adolescência, que nos permite observar particularmente as sucessivas sínteses de integrações e desintegrações, de progressos e regressões.

Muito se tem falado das "condutas regressivas" do adolescente; é preciso esclarecer que se trata somente de um retorno parcial aos pontos iniciais. Somente uma repetição parcial das etapas percorridas pode se produzir (pré-genitalidade, complexo de Édipo); a repetição sempre é operada de uma maneira diferente.

É verdade que o conflito edípico se "repete" na adolescência e até poderíamos dizer que ela se desenvolve sob o signo da repetição, mas sempre se configura sobre uma nova base, pois cada experiência vivida influi decisivamente no desenvolvimento posterior; os elementos de fases anteriores são retidos e, ao mesmo tempo, o novo não desloca o antigo, mas o transforma.

Esta colocação implica que é ilusório falar de "fases" sucessivas: alguns fenômenos iniciais só adquirem sentido em momentos posteriores, como ensinou Freud. Portanto, sua existência *a priori* tem um caráter mítico.

George Lapassade, em seu trabalho sobre a adolescência[5], formula uma crítica às teorias que consideram a infância e a adolescência como meras etapas, caracterizadas pela imaturidade e pela provisoriedade, a caminho de uma maturidade aceitável e definitiva. Ele afirma que a maturidade é somente uma máscara que reforça a fronteira estabelecida entre a infância e a idade adulta mediante a ocultação sistemática e sustentada

---

[5] G. LAPASSADE: *La entrada en la vida*, Ed. Fundamentos, Madri, 1975.

de todos aqueles aspectos (indecisões, dúvidas, etc) que poderiam ser considerados como inaceitáveis sinais de imaturidade. Por trás dessa máscara, o adulto se vê obrigado a rejeitar definitivamente sua infância e sua adolescência como meras fases preparatórias que supostamente deixou para trás.

Mas, tanto na vida como na cultura, o adulto encarna antes o passado do que o futuro. Diz Lapassade:

"É o que nos revela também, por outras vias, a psicanálise. Ela descobre, na alienação, um desejo de consecução, de término, que pode ser origem de sofrimento. A psicanálise seria mal compreendida se considerada somente como uma técnica que permitisse aos indivíduos 'ancorados na infância' transformar-se finalmente em homens. O método e a cura psicanalíticos tendem, pelo contrário, a desenraizar essa ilusão do término que cada um acredita constatar no caso do outro e da qual se imagina privado"[6].

M. Safouan refere-se precisamente a essa ilusão de término e completude no outro quando se interroga:

"O que há de mais difícil para o sujeito do que perceber que seus semelhantes são verdadeiramente semelhantes, quer dizer, que nenhum deles possui aquilo do qual ele se considera desprovido?"[7].

Ao liberar o homem dessa ilusão, Freud contribuiu para destruir o mito da idade adulta. Isso nos conduz ao questionamento dos valores normativos da estabilidade e da maturidade. Tal como Lapassade observa, "num mundo em permanente revolução agora é a hora de aprender a viver nosso inacabamento".

Conceitos como os de maturidade, estabilidade, equilíbrio e idade adulta entraram em crise, já que fazem parte das ideologias repressivas, a serviço da manutenção da ordem estabelecida. Segundo os ideais e valores dominantes na sociedade num momento dado, determinados "resultados" produzidos com maior freqüência pela estrutura são tomados como medidas de saúde e logo transformados em "finalidades". Ainda que seja verdade que toda eleição implica uma limitação, a eleição mesma é o resultado de encontrar-se limitado (determinado) previamente.

Não me referirei neste trabalho ao problema do normal e do patológico, pois o que me interessa neste momento é analisar a especificidade

---

[6] LAPASSADE, op. cit..

[7] M. SAFOUAN: *Estudios sobre el Edipo*, Siglo XXI, México, 1977.

do processo adolescente, cuja compreensão não tem nada a ver com a designação de rótulos como os de "são" ou "doente". Quero assinalar apenas que uma revisão dos critérios de saúde e doença deve partir da unidade básica das distorções geradas por uma sociedade alienada e alienante. Sem deixar de reconhecer as características específicas dos estados de saúde e patologia mental, Freud revelou o caráter ilusório da oposição destes conceitos. Portanto, é preciso concebê-los como versões qualitativamente diferentes da alienação que todos padecemos.

Nesse sentido, não considero exagerado dizer que, numa sociedade desse tipo, *toda psicologia é psicopatologia.*

Aqueles que se baseiam nos princípios reitores de "saúde" e "doença", em vez de compreender e esclarecer a situação vital e existencial do sujeito, são levados a formular normas para o processo, propondo modelos aos quais o sujeito deveria se adaptar.

Tanto a crise dos conceitos mencionados como a das instituições da maturidade levarão à destruição do mito da idade adulta, com sua carga de valoração ideológica; ao reconhecimento de que nunca se alcança um estado adulto ideal e perfeito, no qual culmina todo o desenvolvimento prévio.

Como vimos, isso está vinculado ao questionamento das concepções clássicas da psicologia evolutiva e, conseqüentemente, a uma revisão do conceito de adolescência.

Já assinalei que o conceito de idade adulta é enganoso, na medida em que tudo o que se vive na infância e na adolescência, de fato, será superado, mas conservando-se ao mesmo tempo no sujeito.

Acredito que seria útil deixar de pensar em termos de "etapa", "fase" ou "momento" da adolescência (no sentido de sua delimitação temporal), porque, mesmo quando esclareçamos que estamos partindo de uma concepção dialética da constituição do ser humano, esses termos incluem significações que já rejeitamos.

Não se trata de uma mera questão terminológica. O que proponho é conceber a adolescência como uma estrutura ou configuração que não começa nem acaba num momento determinado da vida, mas que é produto de uma história que se inicia com o nascimento da criança e antes mesmo, quando aparece o projeto de sua vida na história daqueles que a geraram. Nessa estrutura, reinscreve-se tudo o que foi construído até o momento de sua cristalização. Por sua vez, isso persistirá posteriormente, ressignificando-se continuamente de diferentes maneiras, em função das experiências do sujeito e de suas relações com o universo simbólico do qual faz parte.

As determinações fundamentais desta configuração, do mesmo modo que as do sujeito em geral, encontram-se num sistema de significações ou representações sociais, que é mediatizado pelos vínculos familiares, intersubjetividade na qual o sujeito se constituirá.

Portanto, não podemos falar de "etapas" definidas em função das diferenças entre estruturas consideradas autonomamente, que na realidade são produto da abstração. As estruturas constitutivas do sujeito e suas significações devem ser definidas, pelo contrário, em função das diferentes relações que ele estabelece em cada momento de sua vida com o mundo no qual está imerso (que é um mundo simbólico) e também em função da forma como este o afeta e de suas possibilidades de operar sobre o mesmo.

Devemos evitar recorrer a generalizações "absolutas" falsas. Justamente por se tratar de feitos humanos, eles dizem respeito aos sistemas sociais simbólicos e sociedades diferentes podem dar como resultado diferenças específicas sobre os mesmos processos básicos.

Marx, em "O fetichismo da mercadoria"[8], explica como as relações sociais são o fundamento de aparentes relações entre coisas. Analogamente, os fenômenos que aparecem como acontecimentos "naturais" no adolescente (tal como os apresentam os autores mencionados no começo, como é o caso de Stanley Hall) são na verdade o produto de vínculos humanos cristalizados.

Há uma relação dialética entre a história, que é a reconstrução (e não uma "evolução") das relações intersubjetivas que constituíram o sujeito, e a situação presente, que atualiza e revela o histórico, ao mesmo tempo que lhe confere nova significação.

Um adolescente, mencionado por Peter Blos, expressa-o com estas palavras: "Ao que parece, só é possível ter futuro tendo tido um passado"[9].

Determinada a adolescência como configuração específica da estrutura histórico-social, devemos descobrir aquilo que lhe confere unida-

---

[8] C. MARX: *El capital,* Libro 1, Biblioteca Nueva, Buenos Aires, 1946.

[9] P. BLOS: *Psicoanálisis de la adolescencia,* Ed. J. Mortiz, México, 1971.

de, ao mesmo tempo que sua independência relativa com respeito aos sistemas mais amplos. Isso se completaria com a análise comparativa de suas variabilidades particulares em diferentes modos culturais, tarefa que não empreenderei neste trabalho.

Isso supõe a necessidade de considerar o lugar que o sujeito ocupa nas relações familiares, já que a família é a singularização da estrutura familiar própria de cada classe social e, ao mesmo tempo, o veículo de transmissão dos sistemas simbólicos dominantes. A identidade pessoal, centrada na imagem de si mesmo, está integrada inicialmente pela imagem (ideal do eu) que os pais têm do filho dentro da estrutura familiar, ficando assim marcada pelo lugar que se ocupa no desejo do outro. Podemos dizer então que não só se *tem* uma identidade, mas se é *sujeito* de uma identidade, já que, enquanto produto de uma sucessão de identificações, ela tem necessariamente um caráter imaginário.

A problemática adolescente não se desencadeia de um momento para o outro, mas, como foi dito, existe uma relação estreita entre os processos atuais e a história que persiste, filtrando-se através deles e dando-lhes significação, que será conservada de alguma maneira no futuro. Mas é necessário assinalar que essa história não é uma mera sucessão de etapas que se encadeiam umas nas outras, ela dá "saltos". Por outro lado, só assim podemos compreender a passagem da infância à adolescência, se levamos em conta que essa história não se refere a fatos empíricos efetivamente ocorridos, mas ao relato (mítico) que o sujeito conta ou que lhe contam.

Mas, assim como a infância está presente na adolescência, também a idade adulta o está, na medida em que é impossível recriar uma imagem do passado que não parta de uma postulação acerca do futuro. Toda concepção da adolescência (e, na realidade, o mesmo ocorre com a da infância) estará necessariamente codeterminada pelo modelo de idade adulta que tivermos. Foi por isso que dei tanta importância à desmitificação da idade adulta, posto que a própria idéia de idade adulta fecha o caminho para a compreensão do adolescente em *seu* devir. Pode-se dizer igualmente que a compreensão da adolescência nunca será completa e acabada, na medida em que o futuro do sujeito contém as respostas para muitas interrogações que se apresentam (e que ele mesmo apresenta) sobre ele próprio como adolescente.

Insisto em que o essencial não é somente conhecer descritivamente o conjunto de estruturas num dado momento, mas ver como o processo se articula, como os diferentes elementos se conectam e se vinculam entre si, tentando reconstruir, para além dos cortes transversais do passado, os significantes fundamentais que operam como articuladores básicos.

Isto supõe a busca de aspectos e elementos *contraditórios*, situando-os de novo no conjunto de seu movimento, de seu devir permanente.

Se nos concentramos na "conduta", podemos perder de vista a questão central de onde e como se situa o sujeito.

Supostamente, no adolescente produzem-se certas mudanças na "conduta", como conseqüência de determinados "processos", dos quais, às vezes, parece não ser sequer sujeito. A necessidade de dar conta do movimento em virtude do qual o indivíduo não é absolutamente o mesmo que antes coloca estas questões: onde ele estava antes? Onde está agora?[10].

André Green enuncia com toda clareza que devemos marcar "a distinção entre uma progressão evidente e incontestável, que obedece a seu próprio movimento, e uma sucessão de figuras que só são inteligíveis se enquadradas numa concepção do sujeito "excêntrico", que nunca ocupa o centro de uma situação dominando-a, encontrando-se desalojado constantemente do lugar que ocupara, atraído por essa outra parte em que é requerido por sua divisão de sujeito"[11].

Esse autor sustenta a idéia, com a qual concordo, de que a noção de história na psicanálise não é representada exclusivamente pela teoria do desenvolvimento da libido; pelo contrário, a sucessão das etapas oral, anal, fálica e genital poderia se aproximar da idéia de uma maturação biológica pré-fixada.

É um erro identificar completamente história e desenvolvimento da libido, como fazem autores como E. Erikson e P. Blos, entre outros. A isso opõe-se a noção de excentricidade, que surgiu da compulsão à repetição e que Freud mesmo atribui ao funcionamento da pulsão. Mesmo assim, já assinalei que a história não é o passado mas o que dele se conta.

---

[10] Ainda que SAFOUAN faça essas perguntas a respeito do antes e do depois da cura psicanalítica, considero que sua colocação é pertinente também neste contexto.

[11] A. GREEN: "La diacronia en el freudismo", in *Estruturalismo y psicoanálisis*, Nueva Visión, Buenos Aires, 1971.

Freud assinala claramente que o complexo de Édipo, por exemplo, perece por suas contradições internas, por sua própria impossibilidade estrutural. Isso indica que cada estrutura dá lugar a outra, quando de uma forma de desenvolvimento ela passa a ser um empecilho, quando encontra em si mesma o obstáculo para sua persistência.

A história do sujeito, como já assinalei, refere-se à construção e reconstrução de um devir que se funda na oposição de elementos contraditórios.

A meu ver, há uma contradição que aparece como tema central da adolescência: a oposição entre vida e morte, seja porque estes significantes nos remetem às pulsões freudianas (grande modelo pulsional), à progressão-regressão, à integração-desintegração, à síntese-destruição, ao aparecer no mundo-desaparecer dele, ao crescimento-paralisia.

O "re-despertar" da sexualidade, a constituição da genitalidade, opõe-se à (e ao mesmo tempo coincide com) irrupção da idéia da morte como irreversível e definitiva, enquanto que, para a criança, a morte aparece como algo vagamente reversível. Isso supõe uma ruptura na suposta "unidade" da infância (ferida narcísica).

Ainda que Ginette Raimbault[12], num texto comovedor baseado nas palavras de crianças mortalmente doentes, demonstre que essas crianças têm uma concepção de morte muito semelhante à dos adultos, ela ao mesmo tempo estabelece uma clara diferença entre essa concepção de morte e a que as crianças sadias podem elaborar.

No caso das crianças doentes, não há nada em suas palavras que reflita uma evolução do conceito de morte em função da idade, nem uma evolução no conhecimento que expressam sobre sua morte próxima, nem na captação da morte que imaginam que as espera, nem ainda nas representações que têm dela ou nas significações que lhe atribuem.

Mas é justamente isso que distingue a criança fisicamente sadia, ou que não sofreu a morte de nenhuma pessoa muito próxima, daquela que se vê atacada no próprio corpo ou nas relações primordiais com os outros. A segunda confronta-se com a irrupção da morte no registro do real, enquanto que para a primeira a morte permanece na ordem do imaginário e só pode ser concebida, como Freud já indicara, como limitação narcisista.

---

[12] G. RAIMBAULT: *El niño y la muerte*, Saltes, Madri, 1981.

Constatamos, assim, que, nas circunstâncias habituais, a irreversibilidade e inexorabilidade da morte fazem-se patentes precisamente na adolescência. Gostaria de aproveitar para esclarecer que não acredito no sucesso de um "saber" sobre a morte: em última instância, tudo o que o adulto pode saber é que não sabe nada sobre ela. Talvez, ao falar da irrupção da morte como algo inexorável, aludimos ao reconhecimento da mesma como destino e como grande incógnita de nossa vida.

Sherwood Anderson, em sua obra *Winesburg, Ohio*, descreve apropriadamente o encontro do adolescente com a morte (seu reconhecimento como algo inexorável é vivido como a "presença" da morte diante de si mesmo), em relação à reorientação temporal diante de sua própria vida e ao desprendimento de sua infância:

"George Willard, jovem de uma cidade em Ohio, crescia depressa em direção à idade adulta e novos pensamentos invadiam sua mente. O dia inteiro sentira-se sozinho, no meio daquela multidão da feira. Estava quase abandonando Winesburg para ir para alguma cidade grande onde esperava encontrar trabalho em algum jornal. Sentia-se maduro. O estado de ânimo que o possuíra era conhecido dos homens e desconhecido dos jovens. Sentia-se velho e um pouco cansado. As lembranças reviviam. Aos olhos dele, esse novo sentimento de maturidade o separava dos outros, fazia dele uma figura semitrágica. Queria que alguém compreendesse o sentimento que o tomara depois da morte de sua mãe.

Há uma época na vida de cada jovem em que pela primeira vez ele lança um olhar retrospectivo para sua vida. Talvez seja esse o momento em que atravessa a linha em direção à idade adulta. O jovem caminha pelas ruas da cidade. Pensa no futuro e no papel que desempenhará no mundo. As ambições e os arrependimentos despontam nele. De repente, algo acontece; ele pára sob uma árvore e espera, como se uma voz o estivesse chamando. Fantasmas de coisas antigas penetram em sua consciência. As vozes que vêm de fora sussurram uma mensagem que diz respeito às *limitações da vida*. Depois de ter estado seguro de si mesmo e de seu futuro, torna-se inseguro. Se é um jovem com imaginação, abre-se abruptamente uma porta para ele, para que pela primeira vez olhe para o mundo, vendo, como se caminhassem em procissão diante dele, incontáveis figuras de homens que, antes de seu tempo, *surgiram do nada no mundo, viveram suas vidas e desapareceram novamente no nada*. Com um pequeno estremecimento, vê-se a si mesmo como uma folha que o vento arrasta através das ruas da cidade. Sabe que, apesar das palavras estimulantes de seus amigos, deve viver e morrer na incerteza como uma coisa arrastada pelos ventos, uma coisa *destinada a murchar*, como o milho ao sol. Estremece e olha ansiosamente a sua volta. Os dezoito anos que viveu parecem só um instante, um átomo de tempo na longa marcha da humanidade. *Ouve a morte chamar.* Deseja de todo coração aproximar-se de outro ser humano, tocar alguém com suas mãos, ser tocado pela mão de outro. E prefere que este alguém seja uma mulher porque acredita que uma mulher será mais delicada, que entenderá melhor. O que mais deseja é que o compreendam" (os itálicos são meus).

É fácil objetar que a luta de contrários de que falei atravessa toda a vida, desde o nascimento até a morte, mas acredito que ela tem um significado específico na estrutura adolescente, em função de uma transformação radical, de um salto qualitativo, marcado pela puberdade biológica (na medida em que adquire uma significação que transcende o plano do "natural") e pela reinserção social de que é acompanhada em todas as sociedades. Por outro lado, já indiquei que esta estrutura não se limita temporalmente, ainda que caracterize um momento da história do sujeito; esse "momento", mesmo que não deixe de ser empírico, tem um caráter mítico. Considero que a adolescência é um momento mítico já que se desenvolve fundamentalmente no plano do imaginário, ainda que sua estruturação introduza ou reintroduza o plano simbólico, na medida em que se define pela lei que lhe é imposta.

"O sinistro aparece justamente, com toda sua significação, em meus sonhos juvenis", diz Enrique Pichon Rivière[13] e acrescenta:

"Nos sonhos, o sinistro aparece em geral ligado a vivências infantis. O motivo é que o impacto inicial, na infância, é tão intenso que é recalcado. E, desde esse momento, a vivência fica marcada e se transformará realmente no sinistro quando surgir de novo, quase inexoravelmente, na juventude".

Ainda que a intemporalidade do inconsciente assinale a permanência do desejo, essa permanência não se manifesta através de uma continuidade. Pelo contrário, surge em dois momentos "privilegiados", orga-

---

[13] V. ZITO LEMA: *Conversaciones con ENRIQUE PICHON RIVIÈRE*, Timerman Editores, Buenos Aires, 1976.

nizando em sua trama toda a experiência do sujeito: o primeiro corresponde à "fase" edípica da criança e o segundo à emergência da "genitalidade" e à eleição objetal concomitante na puberdade.

Freud reconheceu esse caráter *bifásico* da vida sexual. Mas ainda que seja possível encontrar as correspondências entre ambos os momentos fundamentais da mesma, entre eles interpõe-se o recalque, que recai sobre a primeira organização edípica, em que se inscreve a segunda.

A noção de complexo de Édipo nos permite situar o ser humano como sujeito da relação com seus pais. Trata-se de uma combinatória, diz André Green, "em que o jogo que une o sujeito com a diferença sexual de seus pais, sujeito em sua relação com o idêntico e o diferente, é também sujeito da história enquanto a situação edípica implica o desajuste das gerações"[14]. Voltarei a esse tema mais adiante.

Proponho considerar a adolescência como uma estrutura mítica, na qual é crucial a confrontação com a morte, a partir da sexualidade e na própria sexualidade: isso é assim tanto para o adolescente como para aqueles que têm uma ligação direta com ele, como seus pais e a sociedade adulta em geral, enquanto representante do outro elo da cadeia de gerações, compartindo o mesmo processo histórico no qual algum dia ocuparam o lugar do filho, lugar que, por outro lado, nunca deixarão de ocupar enquanto sujeitos do inconsciente, o que implica, além dos aspectos previamente enunciados, a consideração da adolescência como problemática intersubjetiva.

A confrontação com a morte, central nesta estrutura, está ligada às perdas que a "metamorfose" sexual supõe: perda da imagem de si mesmo, da qual o sujeito se defende mediante a duplicação narcisista condenada, por sua vez, ao fracasso (aspecto que desenvolverei mais adiante); perda da imagem da "criança ideal", tanto para o adolescente como para os pais; perda dos pais como sustentação do ideal do eu infantil.

Simultaneamente, vão emergindo novos aspectos que, como já disse, não são "algo novo que aparece" em sentido literal, mas novas sínteses históricas que vão se cristalizando. A passagem para uma nova estrutura se definiria, na verdade, pela assunção de uma nova encarnação simbólica de si próprio.

---

[14] A. GREEN, op. cit..

Peter Blos relata o caso de uma criança de quatorze anos, cujo interesse reside na transposição de sua metamorfose, associada à temporalização e "historização" de sua vida, numa paixão, precisamente, pela história[15].

Trata-se de Tom, um menino obeso, extremamente inteligente, que apresentava inibições e sintomas depressivos. Gostava de ficar "ruminando" e tinha interesses solitários: passava horas brincando sozinho um intrincado jogo de guerra com fichas de pôquer ou moedas, em que o opositor mais fraco, depois de quase ter sido derrotado, acabava sempre vencendo. Desenvolveu muitas versões desse jogo, por exemplo, a conquista de um arquipélago por um herói cujo povo fora mandado por um chefe malvado para uma pequena ilha. De lá, eles se lançavam numa invasão audaciosa, cujo resultado final era a destruição do inimigo; esse jogo aliviava seus temores de que o fraco pudesse ser destruído; sempre havia esperanças. Evidentemente, nesse jogo, trata-se da angústia de castração, vinculada à separação da mãe (expulsão da terra natal) por parte do pai (chefe guerreiro) e do desejo de morte direcionado para esse último.

Seu interesse por história tornou-se central a partir da leitura de um livro sobre história grega. Tom se queixou de que a informação que o livro continha era muito incompleta. O que ele desejava saber era "o que aconteceu depois da destruição" dessa civilização. "Onde ficou? O que aconteceu com sua população? Simplesmente desapareceu? É óbvio que não". Tom descobriu que os livros de história nunca contam tudo, que a história nunca nos dá uma resposta completa: o esforço por penetrar e entender o passado havia sido inútil e isso transformara a leitura em decepcionante e irritante.

Ele tentou aliviar sua tensão entretendo-se com palavras cruzadas, mas isso não durou muito. Às vezes, queria comprar "algo grande", mas finalmente acabava brincando com seu velho trem elétrico que durante anos não usara. Mas esse passatempo também não o agradou, pois tinha a impressão de que estava "perdendo tempo". Começou a odiar todo mundo, particularmente seus professores, os quais considerava idiotas, e seu amigo, "que só serve para falar de garotas e de sexo". Todas essas inconstâncias revelavam sua angústia por não saber onde se situava no

---

[15] P. BLOS, op. cit..

espaço, no tempo, nas suas relações primordiais, a respeito do que se perdeu e do que virá.

Finalmente retornou ao tema da história: "O que aconteceu com Atenas e Babilônia depois da invasão? Desde a quarta série que me faço a mesma pergunta, já sei que a Babilônia se localiza entre o Eufrates e o Tigre, mas onde exatamente? Por que não nos dizem? É certo que Babilônia sempre me lembrou 'Baby'". O analista assinala: "baby Alone" (bebê sozinho). Tom responde: "Bom, eu tinha cinco anos quando minha babá me deixou".

Quando criança era muito apegado a sua babá e depois da separação apresentou uma tosse nervosa que o acordava durante a noite. Ia então para o quarto dos pais, onde sua mãe lhe dava chocolate quente para aliviar a tosse. Depois dormia entre eles. Peter Blos relaciona esse fato com Baby-lone (bebê sozinho) entre rios protetores.

Tom embarcou na reconstrução de sua *própria* história. Ele considerava que na sua vida havia três fases, separadas por dois cataclismos. O primeiro ocorreu quando tinha cinco anos e sua babá foi embora; o seguinte quando a família se mudou para outra cidade, quando ele tinha oito anos. "Esta mudança foi a maior catástrofe, foi o declínio e a queda de Roma. Todas as minhas coisas de bebê desapareceram". Procedeu à enumeração de todos os brinquedos e objetos perdidos, acusando sua mãe de tê-los roubado. Reconstruiu o conteúdo de sua gaveta de brinquedos, até "um pequeno soldado de brinquedo ou um índio que tinha perdido um braço".

Tom atacou o problema histórico com novas forças, queria traçar o panorama da migração humana, as conquistas e aniquilação das nações e a destruição dos impérios. Todos esses processos haviam levado a "misturas entre conquistadores e conquistados, que culminavam no nascimento de uma nova tribo".

Empreendeu um ambicioso projeto ao fazer um esquema em grande escala do "berço da civilização" do Mediterrâneo. Colocou vários povos no mapa, representando cada "tribo" com um pedaço de cartolina. Passou então por diversas etapas históricas, fazendo movimentos diferentes com os povos. Quando se concentrava demais e ficava entusiasmado com o projeto, sentia-se culpado e se recriminava: "Não deveria estar fazendo isso", isto é, ser testemunha de batalhas entre adversários e do nascimento de novas tribos. Mas continuava com o projeto.

Ao chegar à história contemporânea, misturava soldados americanos da segunda guerra mundial com mulheres italianas, dando origem a novas tribos. As associações sexuais foram se tornando cada vez mais freqüentes, até preencher o vazio na história, em sua história pessoal: reconstrução de cenas fantasiadas referidas ao ato sexual, identificação ambivalente com ambos os pais, culpa edípica, medo da mãe fálica, etc. Finalmente, a história contara "tudo".

Mas esse processo histórico, como se vê, não transcorre sem *cortes*, sem separações que supõem, por sua vez, perdas (lutos) correspondentes às diferentes "passagens".

A evolução libidinal não está somente assinalada pela solução de continuidade entre uma etapa e outra: oral, anal, fálica e, muito depois, genital. Os momentos produtivos operam em torno de um *trabalho de luto*. Para que o princípio de realidade intervenha, lembra Freud, é preciso que o objeto, que antes procurava satisfação, se perca.

Cada um desses lutos é o produto de um *trabalho* e esse trabalho de encontrar significação é resultado de uma perda. Por isso, os reencontros só poderão ser realizados através de mediações que farão entrar em jogo a identidade e a diferença como opostos inseparáveis.

A "metamorfose da puberdade" de que Freud fala, o múltiplo e complexo trabalho de luto que a caracteriza, inclui, além do interjogo de identificação e corte, a constatação do transcurso do tempo (que entra em contradição com a atemporalidade do inconsciente) e, com ela, o reconhecimento da morte (que entra em contradição com a imortalidade do inconsciente ou reversibilidade da morte).

O resultado dessa confrontação dependerá da solução – nunca definitiva, nunca completamente alcançável – da permanente tensão entre o que se perde ou se destrói e o que se cria ou recria.

Esse tema, a primazia da morte na estrutura adolescente (ou melhor, a primazia da contradição vida-morte que ganha sentido fundamentalmente na adolescência enquanto momento crucial da sexualidade), é o problema que pretendo abordar neste livro, concentrando-me essencialmente no registro do imaginário, na medida em que a morte não se experimenta como tal, jamais é real, mas se reveste sempre, para o próprio sujeito, de um caráter fantasmático.

Capítulo II

A sexualidade como significante da morte

"Quem quiser nascer deve quebrar um mundo".

Herman Hesse

"Fiquei confuso outra vez. O que são ejaculações? Como você pode pensar que é algo próprio do crescimento? Não acho normal que saiam coisas do meu corpo... quer dizer, contra a minha vontade, quando não têm que sair".

Do que está falando Júlio, adolescente de dezessete anos? Medo do descontrole, da anormalidade, da loucura, da morte? Mas o problema é que tudo parece extrair seu significado daquilo que lhe é oposto: a ejaculação, o crescimento, a sexualidade, a vida[1].

Júlio está falando de um momento da vida em que o crescimento, a sexualidade, mais do que nunca, supõem mudanças violentas, supõem temporalidade e, por conseguinte, a existência da morte.

Nele, o tema da morte, de importância central na adolescência, como disse no capítulo anterior, aparece de uma maneira mítica. As características de seu crescimento e particularmente os conflitos que sua adolescência desperta estão diretamente vinculados com um luto familiar não resolvido, ou melhor, com o modo como ele ficou inscrito no discurso de seus pais e, por conseguinte, no próprio Júlio, de maneira in-

[1] Sobre a problemática desse paciente, escrevi um trabalho em colaboração com A. GOLDÍN, que apresentamos no I Congresso Argentino de Psicopatologia Infanto-Juvenil, Buenos Aires, 1969. O presente capítulo é o produto de minha reelaboração atual daquele trabalho.

consciente. Tentarei mostrar o mito familiar em sua função estruturante da problemática do adolescente.

O motivo pelo qual Júlio precisou de assistência psicológica[2] era a intensa angústia que experimentava diante de suas poluções e que, a partir de sua emergência, aos catorze anos, fora aumentando até provocar diversas inibições (sintomas fóbicos) e crises confusionais.

Quando tinha em torno de catorze anos começou a se isolar socialmente, a se afastar dos amigos.

Um ano antes da consulta, terminara o segundo grau e fez um curso preparatório para ingressar na universidade, no qual fracassou. Segundo ele próprio relata, "não conseguia me adaptar ao novo tipo de estudo, que exigia que eu fosse mais *ativo*, não conseguia me mobilizar". No momento da consulta, estava fazendo pela segunda vez o curso e ainda tinha dificuldades no estudo.

É preciso assinalar que seu pensamento se caracterizava por estar orientado para a finalidade de controlar a angústia e os sentimentos, expressando dúvidas intensas que o preocupavam e que ele tentava resolver mediante racionalizações e anulações. Quando falava das ejaculações, por exemplo, dizia que consistiam em "uma saída da secreção glandular, sem ação do cérebro, da parte voluntária", mas essa tentativa de definição logo fracassava, através de um lapso insistente "físico... não... psíquico... não... físico". Quando lhe perguntávamos se essas ejaculações não poderiam ser consideradas como um índice de seu crescimento, respondia: "Acho que sim... acho que não".

De sua história infantil ficamos sabendo que sempre foi muito apegado à mãe, que, por sua vez, concentrava sua atenção nele, e que experimentava grandes dificuldades diante de todas as situações de separação e mudança.

Ao iniciar a lactância, custou-lhe aceitar o peito materno, mas custou-lhe igualmente separar-se do mesmo quando chegou o momento de receber outro tipo de alimentação. Nesse aspecto, refletia fielmente as atitudes da mãe a seu respeito: ela respondia a todo tipo de choro do bebê dando-lhe de mamar, "*para que continuasse dormindo*". Veremos em

---

[2] Júlio procurou o Serviço de Psicopatologia da Policlínica Prof. Dr. ARÁOZ ALFARO, Lanús, província de Buenos Aires.

seguida que também não conseguiu aceitar o nascimento de Júlio enquanto separação de seu próprio corpo.

O controle de esfíncteres começou muito cedo, aos oito meses. Júlio compartiu o quarto de seus pais até os seis anos, compartindo sua própria cama com sua única irmã, dois anos menor do que ele. De manhã, ia sempre para a cama dos pais.

Durante a infância, experimentou medos intensos: de cobra, do escuro, da solidão, de altura, etc.

Foi difícil se adaptar à escola. Na época em que ingressou nela, teve um acidente no qual machucou a cabeça.

A mãe relata que estava sempre com seu filho, que estava sempre "em cima dele"; ela acredita que por isso, depois das dificuldades iniciais, ele sempre foi bem nos estudos.

Descreve o pai como uma figura fraca, que não intervinha na relação de Júlio com a mãe. Quando ele tinha uns catorze anos, seu pai passara por problemas econômicos que o deprimiram muito.

A respeito da irmã, "é a antítese de Júlio, principalmente no que diz respeito à sociabilidade". Por outro lado, eles brigavam muito.

Evidentemente, quando Júlio tinha mais ou menos catorze anos, uma estrutura até então consolidada, na qual ele funcionava como uma parte ou apêndice da mãe, como incluído nela, diante da presença ausente ou inoperante do pai, ineficaz para separá-lo dela, começa a se rachar.

Quando lhe propomos que desenhe duas pessoas, Júlio desenha dois "bonecos", exatamente iguais, isto é, duas figuras carentes de toda diferenciação pessoal e sexual[3]. Depois escreve o seguinte relato:

"João e Ema eram pequenos e como tal faziam travessuras. Certo dia, João resolveu mergulhar no lago perto de casa e convidou Ema. Ela, que tinha acabado de comer, não quis ir, mas João insistiu tanto que acabou convencendo Ema. Quando já se encontravam no lago, João mergulhou nas águas refrescantes apesar do medo Ema, já que João não sabia nadar muito bem ele sem prestar atenção nas suas advertências continuou brincando na água sem perceber que ia se afastando da margem quando de repente aconteceu o inevitável uma câimbra o atingiu e ele dolorido clamava pela ajuda de Ema para resgatá-lo que não sabia nadar

---

[3] Infelizmente não disponho atualmente desses desenhos.

começou a correr para sua casa em busca de ajuda um pouco depois. João era resgatado das águas um pouco depois semiconsciente. Desse dia em diante, João aprendeu a lição *se afastar da amiga* (as palavras em itálico foram riscadas por Júlio logo depois de tê-las escrito) ser desatento nos conselhos que os outros dão a ele"*.

Como ler esse texto? Antes de mais nada, é preciso notar a continuidade do discurso, a insuficiência de pontuação, a ausência de cortes.

As personagens são crianças, a saída da casa-mãe é incluída na ordem das travessuras, logo, não pode ser levada a sério. Ema representa a menina que há nele, igual à mãe que há nele, ou com ele, ou na qual ele está, que o leva à imobilidade[4]; surge a imagem do bebê afundado na mãe depois de comer (a quem a mãe dava de comer para que continuasse dormindo). Surge simultaneamente o desejo e a impossibilidade de se separar.

Também podemos nos perguntar se Júlio realmente vislumbra uma verdadeira separação, já que a separação real da mãe na história (ir embora de casa) o conduz a um reencontro imaginário com ela mesma: mergulhar no lago em que se submergiu.

Além do desejo de se separar, de se mexer (autonomamente), de se diferenciar, aparece o temor da separação como algo muito perigoso; pode se afogar, morrer.

Na realidade, encontramos aqui dois significantes para a morte: a imobilidade da união atemporal com a mãe e a destruição associada com a separação dela.

Por outro lado, essa separação parece não poder significar outra coisa além de um novo encontro com a mãe. Por conseguinte, a separação é impossível, Júlio não tem saída, não pode chegar a ser.

A câimbra também tem um sentido duplo, que nos remete, por sua vez, ao sintoma que motivou a consulta: refere-se, por um lado, à ereção, como aspecto vital de crescimento e, por outro, à castração subseqüente, paralisação, morte, "*o inevitável*".

Aparece então a expectativa de um terceiro, a ajuda esperada que deveria vir "salvá-lo" ou "resgatá-lo": o pai, encarregado de tirá-lo dessa situação sem saída e que, significativamente, não é nomeado no relato.

---

* A tradução, em português, tenta reproduzir a forma do relato transcrito. (NT)

4 Em outro plano, a menina é a irmã da qual vale a pena "sair".

Vemos, assim, que a fantasia de doença corresponde a se sentir amarrado na relação com sua mãe, com a crença de que toda saída, assim como, por outro lado, a permanência, implica um perigo de morte. Qual é a lição? Júlio escreve, mas também risca: "se afastar".

A fantasia de cura remete-nos à busca de um terceiro, destinado a "resgatá-lo das águas"; novo e decisivo nascimento. Impraticável também; o terceiro não só não está, como é inominável.

O fracasso das defesas obsessivas, o descontrole (afastar-se da margem sem perceber) leva-o a experimentar sensações e desejos localizados no corpo (que se expressam basicamente através das poluções rejeitadas) que não reconhece como próprios e, mais ainda, que assinala como doentes: a "semiconsciência" em que é retirado do lago na história; as ejaculações "involuntárias" que lhe causam angústia[5].

Todos os aspectos do crescimento, busca de independência, desenvolvimento e transformação corporal, desejos sexuais, busca de novos objetos[6], ingresso na universidade, atividade social mais ampla e variada, ganharão significado seguindo o modelo da estrutura originária: a relação com a mãe remete à morte, mas a separação também; não há além disso um pai que sustente sua identificação edípica; todos os progressos possíveis em diferentes campos estarão destinados ao fracasso, que se configura como inibição até o momento da irrupção da sexualidade.

Até os catorze anos, Júlio defendeu-se da angústia e do perigo de morte mediante a *evitação* de diversas atividades e da *negação* do crescimento, já que, através do desconhecimento de todo tipo de mudança, excluía ao mesmo tempo a possibilidade de separação.

Mas a partir da puberdade a angústia irrompe (a angústia de castração não só se refere à castração simbólica, mas também à morte; por outro lado, para Júlio ambas estão identificadas), há algo, as poluções noturnas, que dão testemunho de que a situação prévia já é insustentável, mas sua valorização como "sintoma" dá conta de que a mudança é intolerável.

---

[5] Lembremos do controle esfincteriano prematuro ao qual é submetido. O que ele não suporta, ao que parece, é o *descontrole* que as poluções noturnas supõem, poluções que considera, por outro lado, "fedorentas". Há uma confusão evidente de zonas erógenas (anal e genital) e de produtos corporais.

[6] Diz Júlio: "Não me dou com garotas, quando era mais novo até que sim, mas agora me sinto forçado a não gostar delas. Tento sempre me afastar".

Esse é o momento de incluir um fato que pertence à história de Júlio e que, constituído em mito familiar, é a base sobre a qual se origina o modelo descrito.

Quando sua mãe estava no sexto mês de gravidez, o avô materno ficou doente, morrendo dez dias antes do nascimento da criança. A mãe passou os últimos três meses da gravidez chorando diante da iminência da morte de seu pai, o que, pelo menos num sentido temporal (ainda que não só num sentido temporal), era a mesma coisa que estar chorando diante da iminência do nascimento de seu filho.

Esse nascimento ficou então, tanto temporal como emocionalmente, ligado à morte do pai da mãe. Pelas características do casal parental, que já esboçamos, seria possível supor que era ele quem contava realmente para a mãe.

Ao nascer, a criança ingressa numa estrutura intersubjetiva fundada no acontecimento de uma morte e da tentativa de negá-la. Sua imobilidade representa a detenção do tempo no momento prévio à "situação traumática"; mantendo-se imóvel, sem crescer, sem sofrer nenhum tipo de mudança, também não chegaria o momento de seu nascimento e da morte do avô. Não chegaria o momento do nascimento-morte.

Estabelece-se, assim, uma *equivalência entre a negação dos lutos próprios ao crescimento e a negação da morte*. Essa problemática, que julgo presente – e central – em todo adolescente, não encontra saída nem vias de expressão neste caso, iniciando-se então a produção sintomática.

A inclusão do pai, se tivesse sido produzida eficazmente, teria facilitado o acesso à ordem simbólica e simultaneamente a separação da mãe. Isso significa reconhecer o nascimento de Júlio, depois seu crescimento, a morte do avô e, também, reconhecer que o nexo entre esses fatos foi de uma proximidade temporal fortuita. Ainda que na realidade isso seja somente relativo: seria necessário aceitar também a sucessão de nascimentos e mortes que compõem a cadeia de gerações.

Mas a insuficiência da função paterna sela a soldadura entre vida e morte, soldadura que aniquila a distância entre ambos os significantes[7]. A coincidência da puberdade de Júlio com a decadência econômica e mo-

---

7 De qualquer maneira, considero comum na adolescência a substituição do encadeamento vida-morte pela soldadura. Isso é particularmente próprio da puberdade.

ral do pai só fez reforçar a estrutura: novo nascimento (despertar sexual), nova morte.

Júlio iniciou uma psicoterapia breve de orientação psicanalítica, ingressando em seguida num grupo psicoterapêutico (procedimento habitual na instituição).

Lembremos que havíamos encontrado no relato de Júlio a seguinte seqüência:

1. Descontrole: afastar-se da margem sem perceber.
2. Transtorno corporal: a câimbra.
3. Transtorno mental: a semiconsciência.
4. Possibilidade de morte: afogar-se no lago.

Ao longo das sessões de psicoterapia, pude observar que a mesma seqüência era desenvolvida, mas no sentido contrário:

1. Angústia massiva, temor da aniquilação: no começo, saía das sessões confuso, até tropeçando.

2. Gradualmente esse temor desorganizado foi se transformando num medo mais preciso e delimitado da loucura: "o problema que venho resolver é o das ejaculações, ou então estou louco".

3. Mais adiante, apareceu o medo relacionado à doença, localizada agora no corpo: "Você vai pensar que isso é normal, mas não é".

4. E finalmente manifestou-se como medo do descontrole: "acho que tudo deveria me obedecer, ao meu cérebro".

Nas últimas sessões, apareceram indícios de um reconhecimento novo do tempo e da possibilidade de se situar de outra maneira no curso do mesmo. Isso aconteceu paralelamente à emergência de suas pulsões agressivas, ligadas às dificuldades nas relações com os outros.

Na última sessão, mostra uma nítida mudança em sua posição frente ao mundo. Diz, por exemplo, "antes o meu lema era me virar sozinho, não pedir nada a ninguém (posição narcisista sustentada na relação dual exclusiva com a mãe). Agora tento me virar da melhor maneira possível, mas se dá para pedir ajuda, melhor, porque é para isso que não estamos sozinhos no mundo... Meu medo era que meus problemas *não tivessem saída*". Há um desejo de movimento, vislumbra-se uma saída, reconhece-se a existência dos "outros" (terceiros).

Eis aqui uma nova história[8], inventada pelo paciente depois da primeira fase da psicoterapia:

"Um grupo de meninas e meninos foi acampar num parque e entre eles havia dois jovens que discutiam o tempo todo. Eram João e Susana. Seus amigos, que conheciam bem esse defeito, tentaram evitar que isso acontecesse, mudando de tema rapidamente. Depois de comer, começaram a falar sobre temas diversos, até que João e Susana começaram uma nova discussão. Seus amigos tentaram de todo jeito acalmar os ânimos, que só fizeram piorar. A discussão ganhou outro caráter quando eles se dividiram em dois grupos. Começou a guerra. Cada um queria defender o que achava certo quando de repente João se jogou contra um dos adversários temporários e ele reagiu se defendendo. A briga se generalizou até alcançar o nível de uma batalha campal. Quando a balança da vitória estava tendendo para o cansaço, a polícia apareceu. Ao perceber isso, os jovens apavorados fugiram para casa".

Assinalarei apenas que essa história não fala de crianças, como a primeira, mas de jovens, o que supõe um reconhecimento da passagem do tempo e de sua transformação corporal. O crescimento e a própria agressão não estão mais soldados com a morte. O vínculo heterossexual aparece como uma briga, como uma liberação massiva de agressão (lembremos das poluções fedorentas). Há pessoas diferenciadas, cada um defende sua própria posição[9].

Mas a briga também se refere à relação com a mãe. O crescimento e a agressão aparecem em relação à transgressão de uma legalidade (representada no relato pela polícia) que, ao proibir e censurar, está reconhecendo a existência do desejo e ao mesmo tempo impondo limites (corte) na relação dual.

Acredito que a história de Júlio pode ser considerada como a singularização de uma temática geral na adolescência, tal como indiquei no capítulo I: retomada do conflito edípico (que neste caso não se formulara inteiramente na infância) e "saída", dando sentido a esse novo nascimento e ao perigo de morte.

---

[8] Também não disponho do desenho que a acompanha, mas já não se tratava nesse momento de bonecos, mas de representações mais personalizadas e com certo grau de diferenciação sexual.

[9] Não entrarei no problema da erotização da agressão, nem no do papel que desempenha nessa história a relação de Júlio com sua irmã.

Mas qual é a relação do adolescente com a morte? Que sentido tem isso para ele?

Por um lado, a morte surge no registro da repetição, em que se inscreve a problemática adolescente, mas ao mesmo tempo aparece em tudo o que é novo, na própria "saída", no corte do possível que ultrapassa os limites do campo do real e que ao mesmo tempo supõe sua própria negação, o impossível.

Capítulo III

O ritual de morte e ressurreição

"O homem é vivificado pelo desconhecido".

Georg Groddeck

Em muitos povos, a adolescência é marcada pela existência de ritos de iniciação. Parece-me interessante examiná-los porque acredito que eles simbolizam o processo ou estrutura adolescente tal como penso que se produz em nossa sociedade.

De forma ritualizada e situados num momento preciso (como uma barreira entre os tempos da infância e da idade adulta), eles expressam a mesma passagem que os jovens atravessam em nossa sociedade, só que, nesta, essa passagem produz-se de uma maneira menos abrupta, mais obscura, com uma gama mais ampla de variações e abarcando uma extensão temporal maior.

James G. Frazer denomina o capítulo de sua obra *O ramo dourado* dedicado aos ritos de iniciação da puberdade de "O ritual de morte e ressurreição"[1].

Com efeito, em muitas tribos "selvagens", especialmente entre as que praticam o totemismo, é comum que os púberes se submetam a certos ritos de iniciação, entre os quais um dos mais comuns consiste na ficção de matar a criança e ressuscitá-la depois.

No que eles contêm de *simulacro de morte e ressurreição,* esses ritos consistem essencialmente em extrair a alma do jovem e transferi-la

---

[1] JAMES G. FRAZER: *La rama dorada*, cap. 67, Fondo de Cultura Económico, México, 1969.

para seu totem. A extração da alma pressupõe sua morte – ou um transe similar a ela; seu restabelecimento corresponde à infusão de uma nova vida que ele recebe de seu totem.

"O mancebo morre como homem e ressuscita como animal: a alma animal está agora nele e sua alma humana no animal"[2]. Agora ele tem o direito de chamar a si mesmo de urso, lobo, etc, de acordo com seu totem, e de tratar os ursos, lobos, etc como irmãos, pois esses animais recebem sua alma e as dos seus.

Na tribo wonghi de Nova Gales do Sul, os jovens, ao alcançar a puberdade, são iniciados numa cerimônia secreta, da qual só podem ser testemunha os iniciados. Parte do rito consiste na fratura traumática de um dente, depois da qual os noviços ganham novos nomes, que indicam a passagem da juventude à virilidade.

Enquanto quebram o dente, produzem um forte zumbido com um instrumento denominado "touro bramador" ou "bramadeira", que consiste num pedaço de madeira com as beiras pontudas e amarrado ao extremo de uma corda, que é girada para produzir o zumbido. Aos profanos não é permitido ver esse instrumento e as mulheres são proibidas de assistir à cerimônia, sob pena de morte.

Ao que parece, um jovem de cada vez reúne-se com um ser mítico chamado Daramulun, que *leva os jovens para longe, os mata e às vezes os esquarteja, depois disso devolve-lhes a vida* e lhes quebra um dente com um soco.

Esses ritos foram interpretados de diversas maneiras por autores diferentes. Para Durkheim, por exemplo, os ritos de iniciação constituem uma forma elementar da vida religiosa. O elemento central do rito consiste em submeter sistematicamente o iniciado a determinados sofrimentos, com a finalidade de modificar seu estado e fazê-lo adquirir as qualidades características dos homens. Alguns aspectos muito cruéis desses ritos, como a circuncisão e a subincisão, teriam como objetivo conferir poderes particulares aos órgãos genitais. Ao mutilar dolorosamente um órgão, ele adquire um caráter sagrado, pois fica, por isso mesmo, em condições de resistir a forças igualmente sagradas, que de outro modo não poderia enfrentar.

---

[2] FRAZER, op. cit..

Durkheim atribui, assim, a essa dor uma significação religiosa; a dor teria um poder santificador, relacionado com o valor pedagógico do rito: o homem aprende através dele a superar a natureza e a realizar nele a cultura[3].

Antes de discutir os alcances da explicação de Durkheim, vejamos a descrição que Freud faz de outros ritos de iniciação.

Os ualaroi, do rio Alto Darling, diziam que na iniciação de um garoto um espírito matava-o e depois trazia-o de volta à vida como homem jovem.

Os habitantes dos rios Murray e Baixo Lachlan acreditavam que Daramulun matava e ressuscitava os noviços.

Na tribo unmatjeira, da Austrália Central, as mulheres e as crianças acreditam que um espírito mata os jovens e depois os ressuscita durante o período da iniciação. Os ritos iniciáticos nessa tribo, como nas outras do centro da Austrália, incluem as operações de circuncisão e subincisão e, assim que elas são realizadas, *o jovem recebe de seu pai um pequeno bastão sagrado*, denominado *churinga*, ao qual seu espírito esteve associado, segundo dizem, num tempo muito remoto. Enquanto está se recuperando de suas feridas, o jovem deve girar a bramadeira, do contrário um ser que vive no céu cairá sobre ele e o arrebatará.

Na tribo binbinga, na costa ocidental do Golfo da Carpentaria, as mulheres e crianças acreditam que o barulho da bramadeira na cerimônia de iniciação procede de um espírito que vive num formigueiro e que vem para comer a criança e depois devolvê-la à vida.

De forma semelhante, em uma tribo vizinha à anterior, as mulheres pensam que o zumbido da bramadeira é produzido por um espírito que engole os mancebos na iniciação para vomitá-los mais tarde na forma de homens iniciados.

Através desses exemplos, encontramos outros aspectos significantes que nos revelam a insuficiência da explicação de cunho sociológico de Durkheim.

Esses ritos nos mostram, efetivamente, que a adolescência é concebida como um "segundo nascimento". Mas seria incorreto considerá-la como um "nascimento social", em oposição ao biológico, que comple-

---

[3] E. DURKHEIM: *Las formas elementales de la vida religiosa.*

mentaria o que o primeiro deixara inacabado, isto é, materializaria a inserção social do sujeito. O primeiro nascimento já é, certamente, um fato social que pressupõe a existência de vínculos intersubjetivos.

Muitos autores destacaram o fato de que a primeira "entrada na vida" é o nascimento prematuro de um organismo inacabado; o recém-nascido precisa, para sua sobrevivência, do auxílio dos outros. "É por isso que o ser humano, desde seu nascimento, vive além de suas possibilidades. Esse é o fundamento biológico do projeto humano, assim como o da intersubjetividade, cuja primeira estrutura é a relação dual"[4].

Um segundo nascimento corresponderia à estruturação do complexo de Édipo, no qual se passa da relação dual para a triádica (na perspectiva da criança, já que, na perspectiva da estrutura familiar que a constitui, ela está incluída na tríade antes mesmo de nascer). O sujeito deseja o que ainda não pode levar ao plano da ação. A situação edípica é constitutiva do ser humano, na medida em que permite a inserção na estrutura triádica, ao mesmo tempo que adquire sua significação especificamente humana na medida em que supõe tanto a inclusão como a constituição de uma ordem simbólica.

A nova "entrada na vida" representada pela puberdade repete e supera o complexo de Édipo, como assinalamos, conservando-se nela a estrutura edípica triangular (lembremos o caráter "bifásico" da sexualidade humana, revelado por Freud).

Portanto, essa superação não implica alcançar uma suposta "maturidade genital", mas tem um caráter simbólico, que por sua vez remete ao ingresso no social e no cultural num sentido geral, como universo humano (mesmo que de forma "particular", o indivíduo nasce imerso no mundo simbólico e é constituído por ele). Freud já destacara que o adolescente se depara com o problema de se tornar independente da família para passar a fazer parte de outros grupos sociais[5].

Nesse contexto, a mutilação do órgão genital, como forma de conjurar perigos, sugere que esse aspecto do rito (circuncisão, subincisão, fratura dos dentes, danos diversos) tem o significado de uma submissão à castração, na qual se conjugam aspectos reais, imaginários e simbólicos.

---

[4] LAPASSADE, op. cit..

[5] S. FREUD: "La metamorfosis de la pubertad", *Obras Completas*, Biblioteca Nueva, Madri, 1948.

Do ponto de vista do próprio sujeito, isso lhe permite preservar-se do perigo da castração, na medida em que seu genital cresceu e pode colocar em ação tanto o incesto como a rivalidade com o pai. Do ponto de vista da sociedade adulta, e pelos mesmos motivos, representa o reforço e a materialização da interdição (tabu do incesto).

Freud diz: "A circuncisão é um substituto simbólico da castração que o pai primitivo e onipotente infligira a seu filho há muito tempo. Todo aquele que aceitava esse símbolo demonstrava que estava disposto a se submeter à vontade paterna, ainda que isso provocasse os sacrifícios mais dolorosos"[6].

O sujeito expõe o pênis, que fica "marcado" pela castração, para receber um símbolo fálico, o churinga do exemplo citado, incluindo-se assim de forma diferente no universo simbólico.

Vejamos um sonho de um adolescente de 15 anos, Vítor, no qual aparece um "dado" como significante, provavelmente equivalente ao churinga:

"Eu estava num clube e encontrei cinco dados. Um cara me pedia os dados, mas, na hora de devolver, ficava com um. Depois ele passava para os outros e o dado ficava passando de mão em mão: eu queria o dado de volta, mas eles não me davam".

Depois de relatar o sonho, o jovem acrescenta:

"Não estou satisfeito comigo mesmo, gostaria de ser alguém na vida: mesmo que eu ainda seja muito jovem, gostaria de ser alguém"[7].

A perda, o "sacrifício" são aceitos porque neles radica a promessa de "ser alguém" ou de "chegar longe"; a respeito disso, é significativa a anedota que Freud relata, em relação a sua vivência durante a primeira visita que fez a Atenas[8].

Estando de pé na Acrópole, ele se surpreendeu pensando: "Então tudo isso existe realmente, como aprendemos no colégio!". Mas Freud assinala que, na verdade, a dúvida não se referia à existência real de Atenas, mas sim a se alguma vez ele efetivamente a vira.

---

[6] S. FREUD: "Tótem y tabú", *Obras Completas*, Biblioteca Nueva, Madri, 1948.

[7] Neste capítulo incluirei material clínico, como esse sonho, com o objetivo único de ilustrar os aspectos correspondentes do texto. Portanto, não analisarei o resto das significações implícitas no material.

[8] S. FREUD: "Un trastorno de la memoria en la Acrópolis", *Obras Completas*.

Freud diz: "Parecia-me estar além dos limites do possível que eu pudesse viajar tão longe, que 'chegara tão longe'. Isso estava relacionado com as limitações e a pobreza de minhas condições de vida juvenis. Não há a menor dúvida de que meu desejo de viajar expressava também o desejo de escapar dessa opressão, à semelhança do impulso que leva tantos adolescentes a fugir de seus lares. Há muito tempo percebera que grande parte do prazer de viajar radica no cumprimento desses desejos precoces, ou seja, que reside na insatisfação com o lar e a família".

Freud compara essa sensação de ter "chegado longe" com o comentário de Napoleão a seu irmão ao ser coroado imperador: "O que diria sobre isso *monsieur notre père* se agora pudesse estar aqui?". E encontra aqui a solução do problema do mal-estar que estragou o prazer de sua viagem a Atenas:

"A satisfação de ter 'chegado tão longe' guarda certamente um sentimento de culpabilidade: há nisso algo de ruim, algo ancestralmente vedado. Trata-se de algo relacionado à crítica infantil contra o pai, com o menosprezo que se segue à primeira supervalorização infantil de sua pessoa. Ao que parece o essencial do sucesso consistiria em chegar mais longe do que o próprio pai e tentar superar o pai seria ainda algo proibido".

Vejamos outro rito, praticado na ilha de Ceram, que resume vários aspectos diferentes, que nos permitirão enriquecer nossa análise. Nessa ilha, os meninos púberes ingressam na associação "kakiana", que é uma dessas instituições próprias às sociedades "primitivas", extensamente difundidas, cujo principal objetivo é a iniciação da juventude. A casa kakiana é uma cabana de madeira situada sob árvores de folhagem espessa no interior do bosque, construída de forma a entrar nela tão pouca luz que é impossível ver o que há no seu interior. Cada aldeia tem uma casa dessas. Os meninos que vão ser iniciados são conduzidos para a casa kakiana com os olhos vendados, seguidos de seus pais e parentes. Cada mancebo é levado pela mão por dois homens que atuam como padrinhos ou guardiães e são os encarregados de cuidar dele durante o tempo da iniciação.

Quando todos se encontram reunidos na frente da casa kakiana, o grande sacerdote chama os demônios. Em seguida, ouve-se um terrível bramido procedente da cabana, que se produz soprando umas trombetas de bambu que foram introduzidas na construção por uma porta traseira, mas as mulheres e as crianças acreditam que o barulho é produzido pelos demônios e se assustam muito.

Então os sacerdotes entram na cabana e os meninos os seguem, um atrás do outro. À medida que cada um deles vai desaparecendo dentro da casa, ouve-se um barulho seco e surdo, ergue-se um grito de espanto e, atravessando o teto da cabana, aparece uma espada ou lança ensangüentada. Esse é o sinal de que o menino já foi decapitado e o demônio o levou para o outro mundo, onde será regenerado e transformado. Ao ver a espada ensangüentada, as mães choram e se lamentam gritando que o demônio assassinou seus filhos.

Em alguns lugares, os meninos são introduzidos através de uma abertura que se assemelha à fauce de um crocodilo ou ao bico de um casuar e então dizem que eles foram engolidos pelo diabo.

Os meninos permanecem na cabana de cinco a nove dias. Sentados na escuridão, ouvem o ruído dos bambus e de vez em quando o estampido de um tiro de espingarda e o entrechocar-se de espadas. Todos os dias se lavam e cobrem suas caras e corpos com uma tinta amarela, que lhes dá a aparência de "terem sido engolidos pelo diabo".

Durante a estadia na casa kakiana cada menino é tatuado com espinhos, desenhando uma ou duas cruzes no peito ou no braço. Enquanto não dormem, os neófitos devem ficar de cócoras sem mexer nenhum músculo. Quando se sentam com as pernas cruzadas sobre uma esteira, abraçando os joelhos com os braços, o chefe toca sua trombeta e, colocando seu pavilhão nas mãos de cada jovem, lhes fala em tons estranhos que imitam as vozes dos espíritos. Adverte-lhes que devem observar as leis da sociedade kakiana, sob pena de morte, e que jamais devem revelar o que sucedeu na casa kakiana. Os sacerdotes também informam os noviços sobre a conduta que devem ter com seus parentes consangüíneos e lhes ensinam as tradições e segredos da tribo.

Podemos observar que o primeiro momento, nesse tipo de ritos, consiste numa *separação* do ambiente anterior, uma *ruptura* com o mundo das mulheres e das crianças. Entre os kurnai, as mães sentam-se atrás dos noviços e os homens, avançando em sua direção, os separam. Depois os noviços são conduzidos ao lugar sagrado; deitados de barriga para cima, os braços sobre o peito, são cobertos por cobertores. Não vêem nem ouvem nada. Uma canção monótona os adormece. Entre os morring, os homens chegam correndo, apressando violentamente os noviços, que se afastam de suas mães. Segundo as palavras de um informante do Cabo York, "eles roubam os filhos de suas mães".

Posteriormente, o iniciado é recluso na floresta ou num lugar ou cabana especial, reclusão que costuma ser acompanhada de tabus de diversos tipos, especialmente referidos à alimentação e à sexualidade. Com isso, pretende-se provocar uma mudança momentânea na vida do sujeito; ele é separado de seu passado através de um intervalo irreversível.

Essa separação inclui dois aspectos:

1. Por um lado, o rito de iniciação está marcando dessa maneira o fim da infância e o começo da vida adulta, como dois âmbitos claramente diferenciados. Aqui aparece a morte como perda da identidade infantil e de um mundo de relações vinculado a ela (as crianças são engolidas pelo diabo). Os noviços morrem para a infância; as mães choram por eles como se chora pelos mortos. Não os recuperarão jamais como eram antes da iniciação.

Lembremos que muitas cerimônias de iniciação são acompanhadas de uma mudança do *nome* do iniciado; o nome que o indivíduo tinha na sua infância é substituído por outro, desta vez definitivo. Ao entrar na puberdade, ele morre como criança para dar seus primeiros passos no mundo dos homens, na medida em que o nome, nas sociedades "primitivas", equivale à verdadeira existência do indivíduo; é o que o significa como sujeito.

2. Por outro lado, ainda que profundamente relacionado com o aspecto anterior, a separação concerne à relação da criança com sua mãe. Citei extensamente como se produz o "corte" efetuado entre os iniciados e o mundo das mulheres, proscritas das cerimônias, que choram também pela perda de seus filhos (de seus filhos como crianças). A espada ou lança ensangüentada dá testemunho desse corte. Quebra-se bruscamente o parentesco com a mãe na qualidade de filho, ficando ligado a partir de então aos homens.

Na descrição do rito vemos simbolizado um novo processo de gestação (os jovens se banham, se lambuzam, permanecem de cócoras, de cinco a *nove* dias), que culmina com a simulação de um parto, como é possível apreciar com maior nitidez em outros ritos, como por exemplo o praticado por algumas tribos da Nova Guiné Setentrional. Os yabim, bukaua, kai e tami, assim como muitas tribos australianas, exigem que todo jovem sofra a circuncisão antes de ser considerado adulto e a iniciação tribal, cuja característica central é a circuncisão, é concebida como um processo de deglutição e regurgitação por um monstro mítico, cuja voz corresponde ao forte zumbido das bramadeiras.

Frazer assinala que essas tribos não se limitam a transmitir essa crença às mulheres e às crianças, mas a encenam de forma dramática nos ritos de iniciação, que nenhuma mulher nem leigo pode presenciar. Com esse fim, contrói-se uma cabana de uns trinta metros de largura, na aldeia ou num lugar solitário da selva, com a forma de um monstro mítico; um de seus extremos é levantado do chão e representa a cabeça e o outro acaba numa ponta. Como espinha dorsal do grande monstro coloca-se uma palma arrancada inteira e suas raízes servem de pelo; para completar a figura, a extremidade mais larga e erguida é enfeitada por um artista indígena com um par de olhos esbugalhados e uma boca grande e aberta.

Depois de uma despedida patética de suas mães e das mulheres da família, que acreditam ou fingem acreditar que o monstro engolirá seus queridos filhos, os atemorizados noviços são colocados em frente à imponente construção e o monstruoso engenho emite um grunhido desagradável, que na verdade não é nada além do zumbido das bramadeiras que os homens ocultos giram no interior da cabana. O processo da deglutição é representado de diversas maneiras.

Os tami, por exemplo, obrigam os candidatos a desfilar diante de uma fila de homens que giram suas bramadeiras sobre suas cabeças. Os kai, mais graficamente, fazem os jovens passarem por debaixo de um tablado sobre o qual há um homem que faz o gesto de engoli-los e efetivamente bebe um gole de água para cada um dos noviços que passa. Mas o presente de um porco, oferecido a tempo para obter a redenção do jovem, induz o monstro a se acalmar e a regurgitar sua vítima.

O homem que representa o monstro aceita o presente vicariante, ouve-se um gorgorejo e a água que ele acabou de beber escorre sobre o noviço. Isso significa que o jovem foi expelido do ventre do monstro.

Pela primeira vez, o menino enfrenta uma experiência não familiar das trevas. Elas simbolizam o "outro mundo", tanto da morte como do estado fatal (do desconhecido, a negação da existência). Em alguns povos australianos, a morte e a ressurreição incluem a significação de uma regeneração total do iniciado, através de sua gestação e parto pela Grande Mãe.

Vítor, de quinze anos, cujo sonho transcrevi anteriormente, expressa esse processo de saída e separação da família com a conseguinte ambivalência e as fantasias de renascimento, na seguinte história. (Este, como a maioria dos relatos de adolescentes que cito neste capítulo, foi elaborado a partir de uma prancha do Teste de Relações Objetais de Phillipson):

"Este é um casal que caminha para a felicidade, um entendimento, vão da escuridão para a clareza, devem ter problemas parecidos. *Estão saindo de um mundo obscuro, de uma letargia* para uma vida melhor. É, estão saindo para a vida" (Os itálicos são meus). Depois de um breve silêncio, acrescenta:

"Poderia haver outra pessoa, na sombra, mas me conformo em dizer que são duas. Também poderia ser uma família, duas pessoas e uma criança. É uma família feliz, unida, muito unida".

Notemos a similitude entre as palavras que Vítor emprega e aquelas com as quais os indígenas relatam o momento de reclusão do rito.

Na história de Vítor, duas imagens aparecem superpostas: por um lado, a imagem do casal como símbolo da "saída para uma nova vida" e, por outro, a imagem aprisionadora da família "unida", o mundo obscuro tentador e, ao mesmo tempo, evitado (o mundo das trevas).

Além de colocar a questão de se é possível conseguir uma diferenciação entre as duas imagens, quero destacar que para esse garoto a tarefa tornava-se particularmente difícil. Sua mãe, extremamente sedutora, encontrava-se mais próxima, por sua idade e características pessoais, da geração de Vítor do que da de seu marido, muitos anos mais velho que ela e de quem se separara poucos meses antes. Essa separação fora a culminação de uma relação caracterizada pela rejeição e desprezo da mãe em relação ao pai; seus próprios pais a "obrigaram" a se casar com ele quando ela ainda era muito jovem; assim, sua própria saída do núcleo familiar fora apenas uma ficção, na qual coincidia a imagem do novo casal com a família originária. Vítor, ao contrário de seu pai, era valorizado e admirado pela mãe e desempenhava, desde sempre, o papel do "homem da casa" e pai de seu irmão, oito anos mais novo.

Entre os bapendas do ex-Congo Belga, a máscara Minyaki representa a superação da adolescência[9].

Quando ela é retirada, isso significa que a vida antiga morre e que o adolescente renasce para o mundo dos homens e é batizado com um

[9] M. CHOISY: *Problèmes sexuelles de l'adolescent.*

novo nome que lhe conferirá uma nova identidade. Encontramos aqui uma verdadeira encenação da metamorfose, que é interessante cotejar com o seguinte relato:

"A primeira impressão é de um naufrágio, mas eles parecem estátuas. Estátuas que estão se deitando, caindo para trás e vão se deitar no chão; vão ficar *enterradas* no chão. E depois virão novas pessoas, mas muito depois, e vão descobrir aquelas outras, são os arqueólogos" (O itálico é meu).

(Adriana, quinze anos)

O segundo momento, realizado em geral depois ou durante a reclusão ou marginalização do iniciado, consiste na *cerimônia de iniciação* propriamente dita, que pode ter diversas características, mas que geralmente se centra na circuncisão. Já consideramos seu significado fundamental de castração simbólica, pela qual o púbere é obrigado a romper o narcisismo onipotente de sua primeira infância (representado pelo vínculo idealizado com a mãe) para alcançar o poder social. Mais adiante voltarei ao tema da castração.

Na região do baixo Congo pratica-se, ou melhor, costumava-se praticar um simulacro de morte e ressurreição pelos meninos de uma corporação ou sociedade secreta chamada *ndembo*. Na prática do ndembo, os feiticeiros iniciadores fazem com que alguém caia no chão numa suposta convulsão e nesse estado o levam para um lugar de reclusão fora da cidade. Isso é denominado "morrer ndembo". Outros, geralmente meninos e meninas, mas com freqüência rapazes e moças, o imitam.

Supostamente, eles morreram, ainda que os pais e amigos lhe enviem alimentos e, depois de um período que varia, de acordo com os costumes, de três meses a três anos, combinam com o feiticeiro que ele lhes devolva a vida[10].

Depois de pagar os direitos ao feiticeiro e preparar dinheiro (víveres) para uma festa, devolve-se a vida aos *ndembo*. Primeiro, eles simulam não saber nada nem conhecer ninguém; não conseguem nem mastigar os alimentos e seus amigos e parentes têm de fazê-lo por eles. Querem todas as coisas bonitas que qualquer leigo tenha e se não as ganham de presente o espancam e podem chegar até a estrangulá-lo ou matá-lo.

---

[10] FRAZER, op. cit..

Mas não são punidos por fazer isso, pois acredita-se que eles não têm discernimento. Algumas vezes, fingem falar em gíria e se comportam como se voltassem ao mundo dos espíritos. Depois disso, lhes é dado um nome diferente do que tinham antes: trata-se de um nome especial para os que morreram *ndembo*.

Nesse exemplo, vemos um terceiro processo: a *reintegração* ao mundo, que na realidade é uma *inclusão* num mundo novo (simbólico). Por isso, o iniciado é considerado como um recém-nascido, que deve aprender até mesmo as atividades mais elementares, por exemplo comer e andar, ou aprender novamente técnicas de produção dos adultos que na verdade já haviam aprendido na sua infância, como, por exemplo, a construção de uma pirágua. Em muitos casos, ensina-se ao iniciado uma nova linguagem.

Essa aprendizagem simbólica mostra que a existência adquire para o iniciado um novo sentido. É o mesmo caminho que percorrem os adolescentes ocidentais, tal como é indicado por descrições como esta:

"Esta é uma garota de uma família rica, que está com a professora aprendendo a ler, e enquanto ela fala pensa que nesse momento gostaria de estar brincando com suas amigas, e tem um boneco na mão que é como se não tivesse, tem só por ter, e tem vontade de sair, além disso está muito bem vestida e se sente desconfortável, e no final das contas sempre tem que estudar, cumprir com as normas que seus pais impõem, porque não pode fazer nada, até que um dia decide que vai ser melhor para ela sair de casa e conhecer realmente o que é o mundo"*.

(Marcela, quinze anos)

D. Paulme, em sua obra *Les gens du riz*, cita a seguinte afirmação do ancião Kissi:

"A vida de todo indivíduo comporta três momentos solenes: nascimento, iniciação, morte".

O significado simbólico da iniciação, como vimos, ultrapassa evidentemente o fato que consiste, numa aproximação superficial, na inserção ou reinserção social do adolescente. As interpretações parciais desse tipo só podem ser explicadas pela coincidência temporal de duas situações que, na realidade, devemos diferenciar: a integração no mundo dos

* Lembramos que usaremos sempre o procedimento de reproduzir o relato como transcrito, respeitando a pontuação ou mesmo sua ausência. (NT)

adultos, por um lado, a dramática transformação da adolescência, por outro. Nessa última, na verdade, superpõem-se os "três momentos solenes", de forma que o rito de iniciação condensa a significação de morte, nascimento e constituição do sujeito como tal, reunindo numa só as diferentes "passagens". Nesse sentido, ele significa, efetivamente, o acesso à ordem simbólica.

O momento central de numerosos ritos de iniciação, talvez da maioria deles, abarca os procedimentos da circuncisão (significante da castração) e/ou a dramatização da morte. Mas já vimos como o próprio tema da castração nos remete ao problema da morte: por um lado, o sacrifício total, por outro, o rito de morte e ressurreição oferece garantias contra a morte, uma verdadeira promessa de imortalidade.

A respeito do primeiro aspecto, para compreender essa idéia de sacrifício devemos considerar duas perspectivas: a do próprio sujeito, para quem a morte torna-se nesse momento uma possibilidade real, e a do adulto, que rivaliza com as possibilidades do jovem, que ele já não tem. O adulto dramatiza, em forma invertida, o temor de ser deslocado ou morto pelo jovem.

Esse caráter de vingança *a priori* pode ser observado em numerosas cerimônias australianas de circuncisão, nas quais o *bullroarer* (bramadeira) significa a presença do ser sobrenatural que efetua a operação. Como a circuncisão equivale a uma morte mística, considera-se que o noviço é assassinado pelo ser sobrenatural. Ele é concebido como um dos antepassados míticos da tribo e se manifesta geralmente em forma de animal. Chama a atenção o caráter profundamente assustador desse iniciador que manifesta sua presença mediante a bramadeira.

Encontram-se situações similares também fora da Austrália: na África, os seres vivos divinos que intervêm nas cerimônias de iniciação são imaginados, na maioria das vezes, como bestas selvagens, leões e leopardos, animais iniciáticos por excelência; na América do Sul, como jaguares; na Oceania, como jacarés e monstros marinhos. Na África, a circuncisão também equivale à morte e os cirurgiões estão vestidos com peles de leão e de leopardo; encarnam as divindades com forma animal que cometeram, pela primeira vez, nos tempos míticos, o crime iniciático.

A circuncisão simboliza a destruição dos órgãos genitais pelo animal iniciador. Os cirurgiões são chamados muitas vezes de "leões" e a circuncisão é designada com o verbo "matar". Mas, pouco depois, os noviços também se cobrem, por sua vez, de peles de leopardo ou leão, isto é, assimilam a essência do animal iniciático e, conseqüentemente, ressuscitam nele.

Esse crime iniciático é justificado por um mito de origem no qual intervém um animal primordial que matava os humanos para depois ressuscitá-los; finalmente, o próprio animal fora abatido e esse acontecimento é reiterado ritualmente na circuncisão dos noviços. Depois de ser morto pela besta selvagem, o noviço ressuscita, cobrindo-se com sua pele. Compreende-se que ele se transforme, por sua vez, na vítima e no assassino, na medida em que participa de uma natureza dupla: a da vítima humana do animal primordial e a do próprio animal, vítima, por sua vez, de outras figuras divinas[11]. A constituição do sujeito repousa nessa dialética.

Freud diz que experimentamos o medo da morte sob a forma do temor da castração; nesse sentido, o sacrifício está realizando, imaginariamente, aquilo mesmo de que pretende proteger o sujeito.

Lúcia, de catorze anos, diz:

"Gostaria de ser sempre pequena, não crescer. Tenho pânico da velhice e da morte, por isso não quero crescer".

Em seguida imagina a seguinte situação:

"Esta é a muralha, para um lado, a vida e, para o outro, a morte; este é o lado da morte. Aqui estão os velhinhos, não, as crianças, senhoras, senhores; todos têm uma sombra, isto é, todos vão morrer. Vejo o caminho da morte como uma vida eterna, porque é longo, continua mais do que este. Aqui há uma possibilidade, se a gente pula, a morte pode entrar de novo na vida. Penso que são velhos, porque olham a vida desde longe, como se estivessem quase morrendo. Esta é uma pessoa que acaba de nascer, esta é a porta para nascer, mas já tem uma sombra. Está sozinho e tem que suportar ver as pessoas, e está quase morrendo".

Essa descrição nos lembra as palavras do ancião kissi e reflete fielmente a impressionante proximidade entre nascimento (vida) e morte, tal como se experimenta no momento da puberdade.

Entre as tribos estabelecidas na costa meridional da Nova Guiné do Sul, o drama da ressurreição dos mortos exibia-se de forma gráfica aos

---

[11] MIRCEA ELIADE: *Iniciation, rites, sociétés secrètes*, Gallimard, Idées, Paris, 1976.

noviços durante as cerimônias da iniciação. Frazer nos proporciona a respeito disso o seguinte relato, baseado na descrição realizada por uma testemunha que presenciou esse ritual:

"Um homem, fantasiado com fibras flexíveis de córtex de árvore, caiu numa sepultura e foi levemente coberto de folhagem e terra. Na mão, tinha um pequeno ramo que parecia crescer do chão e havia outros plantados na terra para aumentar o efeito. Depois trouxeram os noviços e os colocaram ao lado da fossa. Em seguida, chegaram em procissão homens fantasiados com fibras flexíveis de córtex; representavam um bando de curandeiros, guiados por dois veneráveis anciãos, que vinham em peregrinação para o túmulo de seu irmão curandeiro, que estava enterrado ali".

"Depois de desfilar entre as rochas e as árvores até o clarão, entoando uma invocação a Daramulun, a pequena procissão colocou-se ao lado da fossa, do lado oposto aos noviços e os dois anciãos se situaram de costas para os dançarinos. Por algum tempo, estiveram dançando e cantando até que o ramo que parecia crescer sobre o túmulo começou a tremer. 'Olhem ali!', gritaram os homens para os noviços, assinalando as folhas que se sacudiam".

"Na presença deles, o ramo começou a tremer cada vez mais, depois se agitou e se sacudiu violentamente até cair no chão, enquanto que, no meio da frenética dança dos bailarinos e das cantorias do coro, o suposto morto rejeitou a pontapés o feixe de paus, ramos e folhas sobrepostos e ficou em pé, dançando sua dança mágica sobre a mesma fossa, exibindo na boca as substâncias mágicas que supostamente recebera do próprio Daramulun"[12].

Vejamos um exemplo das fantasias que são elaboradas durante a puberdade sobre esse tema:

"Aqui vejo um homem que está em casa sozinho, uma casa de madeira, muito aconchegante". Depois de um breve silêncio, Lúcia, de catorze anos, exclama com surpresa e temor ao mesmo tempo: "Ai! O que eu vi? É uma mulher, pensei que a cama estava vazia, mas havia uma mulher nela. Vou dizer que está dormindo, mas tinha pensado que estava morta, com o cabelo para trás. Bom, *está* morta[13]. Dessa outra pessoa

---

[12] FRAZER, op. cit..

[13] Notemos o fracasso da tentativa de negação.

dependia que ela morresse ou não. Agora estava se enchendo de coragem, dele depende que ela volte a viver. Se ele desse um beijo nela, como na história da Branca de Neve, ela voltaria a viver. Não sei se isso são os dois pés da cômoda ou duas velas, mas não importa, porque, como ela vai ressuscitar, vai apagar as velas".

Como podemos observar nesse interessante relato, a ressurreição está tão presente na dramatização dos habitantes da Costa Murring quanto na história imaginada por essa menina em pleno processo puberal. A ressurreição presentifica, no rito, a obra criadora do ser supremo e, portanto, uma regeneração do mundo.

O mistério revelado pela iniciação é que a morte jamais é definitiva, já que os mortos retornam, não só na ressurreição dos noviços, mas também na medida em que os iniciadores representam os antepassados ressuscitados graças à potência misteriosa do culto secreto. Por isso sustentei que o rito iniciático representa uma promessa de imortalidade.

Já afirmei que o processo de separação da família, mediante o qual o sujeito passará a estar integrado na sociedade adulta, inclui uma verdadeira proibição da infância e, com ela, dos desejos pré-genitais e edípicos correspondentes.

"O pai vai entrar no quarto do menino, do filho, e vai ver que ele não está. Depois vai buscar e vai encontrar o menino lá embaixo, morto, porque ele se jogou pela janela".

(Adriana, quinze anos)

Esse relato nos mostra que a proibição da infância é acompanhada de intensas fantasias de morte; o que é preciso sepultar, necessariamente deve morrer. Entre os pangwe, quatro dias antes da cerimônia, os noviços são marcados e a marca chama-se "consagração para a morte". Eles são levados para uma casa cheia de formigueiros, ouvindo os gritos: "Vamos matar você, agora você deve morrer!"[14].

A proibição remete, por um lado, à morte e, por outro, à proibição universal do incesto. Como Spencer e Gillen[15] assinalam, os ritos de iniciação australianos estão vinculados à estrutura exogâmica da sociedade. As interdições rituais têm o valor de verdadeiros tabus.

---

[14] M. ELIADE, op. cit..

[15] SPENCER e GILLEN: *Native Tribes of Central Australia.*

Quando abandonam a casa kakiana, os meninos são proibidos de comer certas frutas até que tenham celebrado os seguintes ritos: durante vinte ou trinta dias não devem se deixar pentear por suas mães ou irmãs e, no final desse período, o grande sacerdote os leva para um lugar solitário na selva, onde corta uma mecha de cabelo do cocuruto de cada menino. Depois desses ritos iniciáticos, já são considerados homens feitos e podem se casar; seria um escândalo grave se o fizessem antes.

Theodor Reik foi quem analisou pela primeira vez essa relação entre iniciação e proibição do incesto. Reik considera o conteúdo do rito um conteúdo manifesto, cuja significação latente, como a do sonho, deve ser procurada nas condensações e deslocamentos que encobrem sua intenção primitiva. Em outros termos, poderíamos dizer que se deve procurar o mito que aparece encenado no rito. Reik faz isso baseado em dois núcleos fundamentais:

1. O momento da separação, destinado tanto a recalcar desejos incestuosos como a castigar as pulsões agressivas do iniciado em relação ao pai. Isso fica evidente especificamente na circuncisão do jovem.

2. O momento da ressurreição e da entrada na sociedade adulta, que corresponde à reconciliação que reforça os vínculos homossexuais. A sublimação desses vínculos é o fundamento da sociedade; os pais deixam de ser rivais para se tornarem participantes da existência social com a qual o iniciado se compromete[16].

O monstro devorador e castrador representa, para Reik, que se baseia nas hipóteses freudianas, o totem animal. Os adultos conduzem os noviços em sua direção, indicando assim que o primeiro objetivo do rito é o de aterrorizar os jovens. Ao mesmo tempo que os abandonam com o monstro, os adultos manifestam a preocupação de proteger os jovens. Essas condutas revelam a atitude ambivalente dos pais, que manifestam hostilidade em relação a seus filhos adolescentes através das torturas que lhes infligem.

Os etnólogos interpretaram com freqüência essas torturas como provas de resistência e de coragem, destinadas a comprovar a capacidade do iniciado para assumir sua função de adulto, cumprindo assim o iniciador um papel equivalente ao de um "examinador".

---

[16] THEODOR, REIK: *Ritual. Four Psychonalytic Studies*, Grove Press, Nova York, 1946.

Mas Reik destaca que esses iniciadores, na verdade, estão efetuando simbolicamente a castração (como já assinalei), que é ao mesmo tempo uma proibição e um castigo, atuando dessa maneira como guardiães da lei. Através da angústia de castração, ou melhor, da possibilidade de simbolizá-la, passa-se da sexualidade infantil à sexualidade adulta, do ponto de vista do púbere.

No que diz respeito aos adultos, Reik assinala que a significação do rito é oposta e complementar, sendo sua origem o *temor inconsciente da represália.*

Na medida em que baseia sua interpretação, como vimos, nas hipóteses antropológicas de Freud, Reik mostra que os pais "lembram" do crime ancestral (assassinato do pai da horda primitiva) e ficam obcecados pelo temor de ter um destino análogo.

Esse aspecto pode ser complementado dizendo que os adultos conservam a lembrança inconsciente dos impulsos hostis de sua própria infância e supõem a existência dos mesmos nos seus filhos.

É possível também ir além dessa explicação e se perguntar pelos sentimentos que o adolescente desperta no adulto, na medida em que evoca nele a lembrança de sua própria adolescência, geralmente recalcada e ao mesmo tempo invejada e rejeitada no outro. Já indiquei, da mesma forma, o valor de "retaliação *a priori*", pela ameaça de ser deslocado e substituído pelos jovens.

Por outro lado, enquanto entrada na vida, a adolescência é também, como vimos, uma verdadeira "entrada na morte", já que nesse momento se alcança a noção de temporalidade, ligada à finitude da vida. É o momento em que a própria morte começa a se tornar "possível"[17].

Isso desperta nos adultos a angústia diante de seu próprio envelhecimento e a conseguinte aproximação da morte, que se tornam "possíveis" também graças à adolescência (crescimento) do filho.

Nesse aspecto, os ritos de iniciação teriam, na minha opinião, outra função que nenhum outro autor reconheceu: a de "exorcizar", por assim dizer, as angústias de morte dos adultos, mediante a dramatização da morte

---

[17] O pensamento do adolescente está marcado, segundo Piaget, pela subordinação do *real* ao *possível.* Cf. J. PIAGET e B. INHELDER: *De la logique de l'enfant à la logique de l'adolescent,* P.U.F., Paris, 1955.

e a ressurreição do jovem. No rito, como vimos através de numerosos exemplos, a morte se transforma até mesmo num jogo controlado, em vez de se tratar, como ocorre na realidade, de um desenlace fatal.

Mas o adolescente registra o fato de que os adultos compartilham da sua sorte, igualando-se a eles em sua angústia diante da morte:

"Vejo todas as pessoas, aqui têm três, e desse lado mais três. Essas três parecem fantasmas; *são* fantasmas que estão espantando as pessoas, que vão se afastando. É como se os fantasmas estivessem numa nuvem. E aqui tem um homem, uma mulher e uma criança. Essas pessoas representam *todo mundo.* Eu não acredito nos fantasmas, eles representam... *aquilo que espanta as pessoas*" (quer dizer, aquilo que produz espanto). (Os itálicos são meus).

(Lúcia, catorze anos)

Por outro lado, já assinalei que Reik estabeleceu uma relação entre os ritos de iniciação e o tabu do incesto. Na adolescência, devido ao crescimento e à maturação fisiológica, torna-se possível para a criança a consumação do incesto. Pela primeira vez, ela se torna um sério rival na situação triádica; aqui começa o verdadeiro *drama edípico.*

Freud já assinalara que a problemática central desse período da vida é a luta contra a tendência a consumar o incesto. Poderíamos acrescentar que a adolescência está "contaminada" por essa tendência, diante da qual erguem-se os tabus, representados no rito iniciático.

O "fantasma" que espanta o adolescente (e que ele percebe que também espanta os outros) é, assim, a morte, experimentada duplamente como morte e como castração, na medida em que se associa às fantasias incestuosas.

Mais adiante, tentarei mostrar como o adolescente ocidental cria diversos ritos, que tendem a "exorcizar" esses perigos, por exemplo, certo tipo de tentativas de suicídio, ou o consumo abusivo de drogas[18].

Nas "fugas", a morte também se transforma num jogo controlado, no qual o jovem "desaparece" para logo reaparecer. Helene Deutsch menciona o caso de Evelyn, de catorze anos, que fugia do lar "para se transformar numa Cinderela vítima da fome e do frio". Certa vez, passou várias noites nas escadas de uma casa desconhecida, num estado miserá-

[18] Ver cap. VI e VII.

vel. Os perigos reais do mundo externo eram para ela menores do que os que a acossavam no seio de sua família. (Não menos reais, certamente)[19].

Assim, o primeiro ato do rito de iniciação representa a dupla proibição do incesto e do parricídio. O jovem será admitido na sociedade dos homens se renunciar definitivamente a ambos os desejos primitivos da infância. Ao mesmo tempo que superam seu passado individual, os iniciados são incluídos na tradição totêmica, estabelecendo-se assim a reconciliação do filho e do pai, ou, como diz Freud ao resumir a tese de Reik, a *filiação* dos iniciados, quer dizer, a instauração do sujeito numa ordem simbólica, que supõe, com o estabelecimento de um sistema de diferenças, a separação entre o permitido e o proibido.

"... o jovem recebe de seu pai um pequeno bastão sagrado (*churinga*) com o qual seu espírito esteve associado num passado muito remoto".

Depois de terem sido circuncidados, os mancebos devem permanecer alguns meses em reclusão, evitando qualquer relação com mulheres e até a simples visão delas.

"... o chefe toca sua trombeta e, colocando seu pavilhão nas mãos de cada jovem, começa a lhes falar em tons estranhos que imitam a voz dos espíritos. Ele adverte, sob pena de morte, que devem observar as leis da sociedade kakiana e não revelar jamais o que ocorreu na casa kakiana. Os sacerdotes indicam também aos noviços a conduta que devem seguir com seus parentes consangüíneos e lhes ensinam as tradições e segredos da tribo".

"Depois desses ritos iniciáticos já são considerados homens feitos e podem se casar; seria um escândalo grave se o fizessem antes"[20].

Os aspectos assinalados são evidenciados naqueles ritos que encenam o retorno ao útero materno; consuma-se um incesto simbólico com a mãe, com o conseguinte castigo, mas ao mesmo tempo o regresso ao útero é um meio de alcançar a imortalidade. Esse tema é encontrado num número significativo de mitos e ritos iniciáticos. A idéia de gestação e de parto é expressa por diversas imagens: penetração no ventre da Grande Mãe (Mãe Terra), ou no corpo de um monstro marinho ou de uma besta selvagem; a cabana iniciática faz parte também desse grupo de imagens. O retorno perigoso ao útero encontra-se numa quantidade de mitos re-

---

[19] H. DEUTSCH, *La psicología de la mujer*, Losada, Buenos Aires, 1975.

[20] FRAZER, op. cit..

lativos ao herói que, por exemplo, é engolido por um monstro do qual consegue sair vitoriosamente, obtendo assim a imortalidade.

Segundo um mito polinésio, a humanidade não obteve a imortalidade porque um herói, Maui, não conseguiu sair com vida do corpo da Grande Mãe.

Na Índia, praticava-se, até o século XIX, um rito chamado "embrião de ouro": ao transformar-se num embrião de ouro, o iniciado se apropria da indestrutibilidade que caracteriza esse metal e participa, dessa maneira, da imortalidade[21].

Géza Róheim analisou os ritos praticados na Austrália Central, que têm as seguintes características:

1. O iniciado deve suportar o sofrimento; ele chega à iniciação com o temor de sofrer penosas provas, idéia reforçada por terríveis relatos. Esse medo está vinculado à angústia de castração e ao complexo edípico.
2. O acento é colocado no processo de separação. O rito começa separando a criança de sua mãe; o jovem deve evitar o encontro com ela e também a companhia de mulheres e de meninas. Já dissemos que há uma relação entre o rito e a exogamia.
3. Mostra-se ao iniciado o que até então ele estava proibido de conhecer.
4. Impõe-se-lhe o respeito às proibições.
5. Recebe objetos simbólicos.
6. Celebram-se ritos de agregação que tendem a integrar os jovens na vida social.
7. Reconhece-se e torna-se pública sua vida sexual[22].

Róheim interpreta também a cerimônia dos *churinga* – pranchas, pedras planas ou outros objetos, que podem ter o desenho do totem do indivíduo. Durante o rito, o jovem deve permanecer deitado no chão, de barriga para baixo, enquanto os churinga são arrumados em pares, simbolizando o macho e a fêmea reunidos num ser bissexuado; é o símbolo da bissexualidade, da qual logo surge a diferenciação sexual. Em alguns povos, as bramadeiras são chamadas "homem" e "mulher"; enquanto as agitam, relata-se o mito da origem da iniciação.

---

[21] M. ELIADE, op. cit..

[22] G. RÓHEIM, *Psychoanalysis and Anthropology*, Int. Univ. Press, Nova York, 1950.

Lembremos que a renúncia à bissexualidade impõe a confrontação com um luto próprio da puberdade, que também, obviamente, vincula-se com a morte, na medida em que supõe uma ferida narcísica.

A agitação prolongada do churinga simboliza para Róheim a relação sexual na "cena primária", com a conseguinte reafirmação do poder sexual dos velhos que os agitam e a exclusão simultânea do iniciado.

Mas, ao mesmo tempo que se reafirma a exclusão do iniciado, ele é introduzido num processo de identificação. Os churinga agitados durante o rito mostram-se e ocultam-se alternativamente ao iniciado: deve ser como seu pai, mas ao mesmo tempo deve renunciar a ser como ele, a possuir sua mãe. O rito do churinga desempenha assim um duplo papel; tira (extração de dentes, circuncisão) e promete o falo ao iniciado.

A cerimônia do churinga indica a relação existente entre proibição do incesto, complexo de Édipo, diferença de sexos e diferença de gerações. A respeito disso, Guy Rossolato afirma que a proibição do incesto representa o princípio, e também a proibição, que os pais em geral formulam diante de qualquer coisa, mas que adquire toda sua ambigüidade e também todo seu peso na ordem sexual, sendo o desejo orientado no sentido de um projeto e de um "pacto". A lei aparece, então, como proibidora, mas também como garantia de um *acordo simbólico* que pode se manter e ser invocado no futuro, para ser superado em outro plano.

O processo de identificação se apóia, assim, em duas ordens de diferenças que, como vimos, revelam-se no ritual descrito: a diferença *dos sexos*, por meio da qual o próprio sexo se afirma sempre em função do sexo oposto, e a diferença *das gerações*, graças à qual o pai do mesmo sexo pode servir de modelo sem que haja, decerto, uma adequação absoluta, que só poderia ser ilusória[23]. A iniciação equivale, então, a uma revelação do sagrado (simbólico), da sexualidade, da morte e da luta pela subsistência. Ninguém se torna um homem enquanto não assume as dimensões da existência humana.

Para o mundo "primitivo", a iniciação é o que confere aos homens seu estatuto humano, ao situá-los nas coordenadas da temporalidade (ordem das gerações), que implica a morte, da sexualidade, que implica a castração, e de uma ordem simbólica, na qual se inscrevem essas coordenadas.

---

[23] G. ROSSOLATO: *Ensayos sobre lo simbólico*, Anagrama, 1974.

Como já vimos, a circuncisão é o centro do ritual australiano. Róheim reconhece também nela um símbolo de separação: a pele retirada do pênis simboliza a separação entre o filho e a mãe, na medida em que é o pai iniciador e castrador que os separa. A circuncisão efetua-se num momento de *marginalização*, durante o qual o jovem deve respeitar certos tabus sexuais e alimentícios. Para Róheim o tabu alimentício reforça a separação, constituindo um símbolo do desmame.

Acho que a marginalização também simboliza o "atraso" ao qual se submete a satisfação sexual, a interrupção que se impõe à precocidade infantil, estendendo-se até a puberdade e, em muitos casos, para além dela.

Dessa maneira, a iniciação representa um novo nascimento e, simultaneamente, a repetição do drama edípico.

Como vimos, a interpretação de Frazer destaca o lugar central da morte simbólica no rito de iniciação. Em suma, tenta-se *matar a criança*[24], produz-se uma execução simbólica, através dos golpes infligidos pelos adultos, a circuncisão, os enterros simbólicos, a imobilidade exigida ao noviço durante sua estadia na cabana da iniciação, seu esquecimento ao regressar dela.

A respeito disso, R. Hertz diz que, aos olhos dos primitivos, a morte também é uma iniciação:

"Essa fórmula não é nada além do que uma simples metáfora; se a morte é para a consciência coletiva a passagem da sociedade visível à sociedade invisível, é uma operação exatamente análoga àquela mediante a qual o jovem é extraído da sociedade das mulheres e das crianças e introduzido na dos homens adultos".

"Essa nova integração, que dá ao indivíduo acesso aos mistérios sagrados da tribo, implica, também, uma mudança profunda de sua pessoa, uma renovação de seu corpo e de sua alma que lhe faz adquirir a capacidade religiosa e moral necessária. E a similitude de ambos os fenômenos é tão fundamental que essa mudança se opera freqüentemente pela morte figurada do aspirante, seguida de seu renascimento numa vida superior"[25]. Platão já dizia: "morrer é ser iniciado".

Toda transição, toda passagem de uma situação a outra implica um "dilaceramento", uma separação cujo modelo inicial é o nascimento (com

---

[24] Ver cap. VII.

[25] R. HERTZ: *Contribution à une étude sur la réprésentation collective de la mort*, citado por LAPASSADE, op. cit..

o perigo de morte de que é imbuído); e uma "saída", que nesse caso refere-se ao abandono do mundo da infância e à renúncia ao mesmo, mas cujo modelo é a morte, como vimos no mito da adolescência de Júlio e como podemos apreciar também nos exemplos seguintes:

"Compreendi vagamente que minha infância chegava ao fim. Ainda estava sob o controle dos mais velhos, mas a paz tinha abandonado para sempre meu coração. Agora estava separada deles por essa liberdade que, em vez de ser fonte de orgulho para mim, me fazia sofrer em solitário silêncio"[26].

"Esta é uma menina que saiu de casa, porque se sentia muito mal na sua casa, sentia-se sufocada, não podia fazer o que ela queria, precisava sair, ir à luta sozinha. Então decidiu ir embora de casa e trabalhar para se sustentar. Para piorar, as poucas coisas que fazem com que ela se sinta realizada, independente, não são permitidas. Então ela vai embora de madrugada, e mais tarde quando os pais vão acordar a menina, eles vêem que ela não está, e *nunca mais* foi encontrada".

(Elena, quinze anos)

"São dois pais, o pai e a mãe, que estão dizendo para o filho que ele não vá por esse caminho, tem que ir por outro caminho, porque por esse caminho vai se perder. Mas o menino teima com eles, não quer obedecer. Eles dizem que não dá para impedir, mas que ele vai se dar muito mal. Ele pega esse caminho e se perde e o caminho tem uma bifurcação e ele não sabe qual escolher, está longe de qualquer lugar civilizado. Ele senta e começa a chorar, mas já e tarde; não tem comida, não tem nada e no final ele *morre*".

(Elena, quinze anos)

Lapassade diz que "a relação com a morte apresenta a vantagem de unir numa mesma totalidade o conjunto da existência humana, mostrando que em certo sentido nosso autêntico 'acabado' só se efetua no momento da morte. A iniciação então não é mais um passo *definitivo* e absoluto, mas continua sendo sem dúvida o momento em que se desvela para o homem o sentido último de sua existência, em que se manifesta sua finitude e em que se torna possível assumir sua condição, mas também, quem sabe, rejeitá-la"[27].

Elena nos proporciona uma bela descrição dessa descoberta:

---

26 SIMONE DE BEAUVOIR: *Memorias de una joven formal*, Losada, Buenos Aires.

27 G. LAPASSADE, op. cit..

"É como se o homem estivesse nascendo na terra, mas não do ponto de vista científico, ele *nasce na terra* mesmo, ainda não sabe bem o que é, não tem consciência de sua força, do que vai ser e se sente muito pequeno dentro do mundo. Pouco a pouco vai perceber a maneira como pode usar sua inteligência e vai evoluir e em vez de se sentir pequeno vai se sentir grande, mais importante do que é e depois vai organizar tudo, a natureza, tudo. Vai estabelecer leis, normas e vai esquecer que foi isso, somente sombras, que tinha que enfrentar todos os outros".

Maryse Choisy assinala que o iniciado suporta suas provas, mesmo sabendo que pode ser infectado e não se curar. A circuncisão é, assim, um verdadeiro perigo de morte com o qual ele se confronta. "O essencial consiste em aceitar a morte, pois só assim conseguirá uma vida melhor. Saber viver significa em primeiro lugar saber morrer".

Por isso acho que, ainda que seja verdade que a morte simbólica dos noviços pode ser interpretada como uma separação, assim como as diversas formas de mutilação, separação tanto da mãe como da vida anterior do sujeito, quer dizer, de sua infância, não podemos deixar de notar também o lugar que a morte como tal ocupa nesses ritos (como destino).

Ainda que muito pouco tenha chegado a nós dos misteriosos gregos da época helênica, dado o caráter secreto desses ritos, sabemos que os mais importantes estavam relacionados com a morte e a ressurreição do noviço. Na ocasião de sua iniciação nos mistérios de Ísis, Apuleio sofre "uma morte voluntária" e se "aproxima do reino da morte" para obter seu "dia de nascimento espiritual".

É provável que no mistério da grande mãe frígia o iniciado tenha sido enterrado simbolicamente num túmulo. Ele era considerado "moribundo". O jogo de palavras entre iniciação (*teleisthai*: ser iniciado) e a morte (*teleutan*: morrer) era bastante popular na Grécia[28].

Do mesmo modo, como vimos, aparece nas vivências e nas fantasias do adolescente, como reflexo de uma possibilidade que começa a se tornar real (ou algo que começa a se tornar possível para ele). De qualquer maneira, somente mediante a análise e a abstração é possível diferenciar esse aspectos diversos no conjunto de significações que se imbricam, tanto nos ritos como nas fantasias, e que se referem simultaneamente à separação, ao luto, à castração, à morte.

---

[28] M. ELIADE, op. cit..

A castração, por sua vez, é o nexo entre a morte e a sexualidade, tal como G. Rossolato indica: "Nada resume melhor esse complexo (isto é, a relação entre a morte e a sexualidade através da castração) do que o *sacrifício* que oferece uma memória mítica desse possível acesso ao simbólico".

Vejamos outro relato que aborda de maneira clara e direta o reconhecimento da morte.

"Uma pessoa está sendo velada, ela está na cama e essa mulher é a esposa que fica sozinha. E ela não acredita que alguém possa deixar de falar, de existir, de tudo, de um dia para o outro. E fica olhando para ele e não acredita que esteja morto, que não fale. E acha que a qualquer momento vai levantar e vai dizer que não é verdade que está morto, que está dormindo. Por isso não se dá conta de que ele morreu. Mas essa noite quando ela vai dormir e vê que ele não está do seu lado, mesmo que ela queira, mesmo que imagine, ele não está, então percebe que não vai ver seu marido nunca mais.

E não consegue aceitar que a gente viva a vida toda e vá embora assim, porque a mulher acreditava que 'nunca mais' não existia, que as coisas sempre se repetiam. Ela pensa que quando morrer ninguém vai se lembrar dela e ela vai desaparecer para sempre. Então decide fazer algo pelos outros, para deixar alguma coisa, porque é a única maneira de não morrer nunca".

(Elba, quinze anos)

Essa situação vital do adolescente o coloca na melhor posição para se transformar no alvo das projeções dos adultos e especialmente de seus próprios pais, de seus sentimentos e angústias diante da morte. Por isso quase sempre o vemos expressar aquilo que não aparece claramente formulado nos membros adultos da sociedade, em função do tabu que recai sobre o tema da morte na civilização ocidental.

Às vezes, reconhecemos a angústia gerada no adolescente ao conceber a irreversibilidade da morte na própria negação dela.

Assim, David, de catorze anos, diz que gostaria de ser "alguma coisa que viva quieta, alguma coisa material, que não tenha vida nem relação com o gênero humano, por exemplo, uma nuvem. Então viveria em paz, viveria tranqüilo, sem ter pensamentos, sem saber que acontecem coisas em volta".

Pelo contrário, não gostaria de ser "uma árvore comum, das que tem na rua. Suas folhas caem no outono e renascem na primavera. Ficam muito alegres no verão e no outono perdem toda sua alegria".

Para concluir, citarei um fragmento do caso de Teresa, uma adolescente psicótica, relatado por Rudolf Ekstein, devido à coincidência surpreendente entre as fantasias da paciente e o mito de morte e ressurreição fundamental nos ritos de iniciação considerados anteriormente.

"... Utilizou o filme *Orfeu Negro* para descrever o tormento de sua situação. Viu-se a si mesma como Eurídice, que estava ligada a Orfeu, mas que, ao mesmo tempo, era perseguida pelo ciumento e vingativo Aristeu. Eurídice morre amargamente. Orfeu consegue sua ressurreição, mas, quando se volta para olhá-la, desobedecendo a proibição desesperada de Eurídice, perde-a para sempre.

Através de sua identificação com a heroína, Teresa indica as idéias básicas subjacentes que motivaram sua conduta psicótica. Considera-se morta e, ao mesmo tempo, milagrosamente viva. Vive e morre mil mortes e tenta reviver uma e outra vez. Comparte comigo a fantasia poderosa e convincente de que vai se matar no final do ano e, ao mesmo tempo, me diz que melhorou tanto que nunca vai voltar a se tocar, confundindo a diferença entre masturbação e suicídio. Conseguiu o autocontrole e deseja viver. Mas logo projeta a mesma fantasia suicida e/ou sexual numa expectativa homicida ou de violação, proclamando que alguém, algum homem ou quiçá uma mulher, a matará, a atacará, no final do ano.

Sua busca de amor e aceitação, sua luta contra a morte estão ligadas simultaneamente à busca da morte. Seu medo da morte está unido ao medo da vida e, como Eurídice, desloca-se alternativamente no sentido regressivo e progressivo, entre as posições da vida e da morte. Algumas vezes percebe o terapeuta como um salvador, o amado, aquele que a resgatará, outras vezes como o crucificador, o assassino perigoso, o violador.

Observa-se que, sob as tentativas conscientes, orientadas para a realidade, de dominar pequenas tarefas e de se ocupar de objetivos de curto alcance, subjaz um sistema psíquico caracterizado por uma profunda luta interna, que se refere à busca alternada da vida e da morte. Teresa não busca metas que tornem sua vida significativa, mas luta pela própria existência. O significado de sua vida é uma luta entre vida e morte"[29].

---

[29] R. EKSTEIN: "Los adolescentes psicóticos e su búsqueda de objetivos", *International Journal of Psychoanalysis*, 1968, vol. 49, nº 2-3.

Capítulo IV

O rito da menstruação masculina

"A vida não pode ser compreendida sem a consciência do condicionamento de todos seus fenômenos a seus opostos".

Georg Groddeck

Alguns povos praticam um rito de iniciação na puberdade que consiste em provocar o equivalente de uma menstruação nos homens e que representa a contrapartida dos ritos que rodeiam a primeira aparição da menstruação nas mulheres.

Ruth Lidz e Theodor Lidz identificam a prática da menstruação masculina pelo menos em três povos: os aborígenes australianos, os indígenas de Papua, Nova Guiné, e os índios mojave[1].

Esses autores consideram que esse rito esclarece alguns aspectos da identidade sexual masculina; e a relação entre a inveja da mulher pelo homem e a identificação inicial da criança com sua mãe. Mas acredito que, além disso e no que concerne à iniciação na puberdade, o sentido desses ritos pode se referir a:

1. Conjurar o perigo de morte representado pela mulher-mãe (quer dizer, praticar desse modo a separação, tal como ocorre nos outros ritos de iniciação que consideramos antes, e consumar, de certo modo, a perda da relação e da identificação com a mãe).

2. Estabelecer a diferença sexual através da prática dessa forma de "castração" (a diferença dos sexos, como assinala Freud, não corresponde a uma simples comprovação empírica da conformação anatômica).

---

[1] R. LIDZ E T. LIDZ: "Male menstruation: a ritual alternative to oedipical transition", *International Journal of Psychoanalysis,* 1975.

3. Paradoxalmente, por causa do horror à castração, esse procedimento sustenta fantasias relacionadas à bissexualidade.

No Vale de Asaro, a menstruação masculina constitui uma parte central do rito de iniciação dos meninos adolescentes. Eles moram com suas mães até uma certa época, entre os dez e os quinze anos, e são criados fundamentalmente por elas, pois os pais dormem numa cabana especial para os homens durante a maior parte do tempo.

O rito consiste no seguinte procedimento: reúnem-se os meninos, geralmente pré-púberes, junto com todos os homens, vestindo seus atavios de guerreiros. As mães dos iniciados, como nos outros ritos que examinamos, estão de luto, seus corpos cobertos de argila, como reconhecimento da separação de seus filhos, que passam formalmente para a parte masculina da sociedade.

As crianças situam-se na frente de um rio, onde há uma fila de homens nus, exibindo seus pênis. Em seguida, alguns homens penetram no rio na frente dos iniciados e pegam duas folhas afiadas, agitando-as dentro de seus narizes até que o sangue tinja a água do rio. Depois disso, cada homem pratica as mesmas incisões em cada um dos iniciados.

Quando terminou a fase "sangrante" do rito, os homens que sangraram entram de novo no rio e introduzem uma vara no esôfago até provocar vômitos. O procedimento é repetido nos iniciados.

Ao regressar à aldeia, são atacados pelas mulheres que lhes jogam pedras e paus e os ameaçam com arcos e flechas, furiosas porque lhes tiraram seus filhos e os submeteram ao doloroso rito.

Posteriormente, os jovens permanecem durante alguns anos na cabana dos homens e só lhes é permitido um contato mínimo com as mulheres. Perambulam em pequenos bandos, praticam a sangria nasal e os vômitos, aprendem a tocar flauta e a participar dos assuntos dos homens.

Alguns anos depois, quando têm entre quinze e dezenove anos, voltam a passar pela cerimônia e depois de um período de restrição alimentar e de prática de flauta, durante o qual explicam-lhes amplamente seus deveres e direitos como homens, são reconhecidos como homens cabais num festival.

Nesses povos, a separação dos sexos é intensificada pelo horror do sangue menstrual: o contato com uma mulher menstruada faz adoecer e a ingestão de uma gota de sangue menstrual pode matar um homem, por isso os homens temem dormir com suas mulheres e até mesmo viver perto delas.

O rito de iniciação, como já assinalei, serve para separar as crianças de suas mães e estabelecer novas relações solidárias com o grupo dos homens. Ao renascer como homens, não só passam a ser independentes das mulheres como também são considerados notavelmente superiores a elas.

O rito também dá ao menino uma marca artificial de sua entrada na puberdade, que imita a linha natural óbvia que a menstruação estabelece na vida da menina. Por isso penso que, no caso da mulher, esse acontecimento natural, na medida em que ocorre num contexto simbólico humano, adquire um valor significante e opera como uma iniciação da puberdade que em muitos casos torna desnecessário qualquer outro rito[2].

Acredita-se que os vômitos liberam o menino do sangue do ventre materno, que ele engoliu quando estava dentro do útero, e do perigoso sangue menstrual que pode ter ingerido sem perceber com a comida que sua mãe lhe preparava. Considero que essa "liberação" tem também o valor simbólico de condenar uma culpa: derrama-se o sangue da criança, assim como se derramou o sangue da mãe quando ela nasceu.

Segundo Newman, o uso da vara que provoca os vômitos cumpre uma função análoga à ruptura artificial do hímen na menina, praticada no momento de sua primeira menstruação. Acredita-se que a vara rompe uma membrana dentro do corpo, o que permite ao menino desenvolver os caracteres sexuais secundários e transformar-se num homem[3].

A sangria nasal denomina-se menstruação masculina. Há uma crença, similar à referente à vara, de que a menstruação permite à menina transformar-se em mulher e que, a não ser que se ensine ao menino a menstruar, ele não se transformará em homem.

É evidente que a menstruação masculina, assim como outros ritos de iniciação que já observamos, cumpre a função de uma castração simbólica, na medida em que é considerada uma precursora essencial para poder aprender a tocar as flautas sagradas que, por sua vez, representam a criatividade masculina (potência fálica) e proporcionam uma contrapartida da criatividade "natural" feminina.

---

[2] Ver cap. V.

[3] Citado por R. e T. LIDZ.

Newman assinala que, enquanto a iniciação feminina celebra o crescimento e o começo da capacidade reprodutora, a iniciação masculina tem como objetivo *induzir* o crescimento e a capacidade reprodutora, mais do que simplesmente celebrar sua existência.

De certo modo, há um fato fisiológico que marca a puberdade feminina, enquanto que é necessário provocá-lo artificialmente no homem; ao que parece, o começo das poluções não basta como equivalente "natural" da menstruação, na medida em que essa "marca" (como fato social, simbólico e não natural) exige a presença do sangue.

Essa prática consiste, na realidade, na reprodução simbólica, por parte dos homens, de todos os elementos importantes que as mulheres possuem naturalmente: as flautas equivalem ao poder reprodutivo (observou-se que elas têm não só uma conotação religiosa mas também sexual: de fato, têm uma influência sexualmente excitante tanto nos homens como nas mulheres); a sangria nasal corresponde à menstruação; e a ruptura da membrana durante o primeiro vômito, à ruptura do hímen. Assim, o objetivo do rito seria proporcionar aos homens os poderes e atributos que eles acreditam que as mulheres possuem naturalmente[4]. Ao adquiri-los, devem liberar-se simultaneamente do sangue materno que os nutriu na vida fetal e da dívida pelo sangue derramado da mãe.

Na ilha de Wogeo, acredita-se que um menino não se transforma em homem até aprender a tocar flauta e não pode fazê-lo enquanto não for purificado pela eliminação dos elementos prejudiciais absorvidos das mulheres durante a infância.

Nessa região, escolhe-se a língua como lugar onde se pratica a sangria inicial, porque se acredita que o menino absorveu impurezas através da lactância e da ingestão inadvertida de sangue menstrual, mas também se acredita que essa purificação da língua a torna mais apta para tocar a flauta.

No momento de realizar esse sacrifício, adverte-se o menino do grave risco que implica ter acesso às relações sexuais antes de ter aprendido a se purificar provocando uma menstruação mediante um corte na

---

[4] Encontramos, entre os australianos, uma tradição segundo a qual as mulheres teriam possuído inicialmente todos os segredos do culto e todos os objetos sagrados, que os homens lhes roubaram posteriormente.

glande. Essa prática é realizada entrando no oceano com a água até o joelho e retirando-se depois durante vários dias na cabana dos homens. Não é necessário que os meninos menstruem todos os meses, mas devem fazê-lo em intervalos regulares.

R. e T. Lidz relacionam isso com o tabu da mulher menstruada. Segundo Daly, este é essencial para a manutenção do tabu do incesto, já que o cheiro da menstruação torna a mulher irresistivelmente atraente para o macho.

Para os habitantes da Nova Guiné, a mulher menstruada é perigosa porque o sangue menstrual é a essência da "antivida". Uma vez que os bebês se formam a partir do sangue uterino e do sêmen, o sangue uterino é considerado como a própria essência da capacidade procriadora da mulher. O sangue menstrual, então, seria o sangue uterino morto, a negação da vida e da criatividade.

Ainda que R. e T. Lidz afirmem que os procedimentos que induzem à sangria do pênis, do nariz e da língua, na Nova Guiné, imitam a menstruação e não constituem um substituto da castração, acredito que, na realidade, ambos aspectos não são opostos nem indissociáveis: a menstruação masculina implica uma castração simbólica que permite se proteger contra a castração real e possibilita a assunção dos valores masculinos e a conseguinte filiação ou inserção social.

Whiting, Kluckhon e Anthony[5] acreditam que esses ritos existem em sociedades nas quais se produz uma prolongada interrupção das relações sexuais depois do parto e a criança dorme com a mãe durante vários anos, com exclusão do pai. Os ritos de iniciação serviriam, assim, ao propósito de controlar o vínculo incestuoso com a mãe e a hostilidade contra o pai, tal como já afirmara T. Reik.

Burton e Whiting consideram que os ritos de iniciação que incluem a circuncisão são um meio de compensar um conflito na identidade sexual que deriva da identificação precoce do menino com sua mãe. O rito da menstruação masculina fomenta também a diferenciação do menino em relação a sua mãe e o alcance de uma identidade masculina firme. É preciso destacar que a diferenciação da mãe está unida à identificação com ela: elimina-se o sangue materno, mas menstrua-se como a mãe.

---

[5] Citados por R. e T. LIDZ.

Loewald destacou a importância do "veto paterno à relação libidinal com a mãe", para apoiar a criança ante a ameaça de ficar "incluída" no ventre da mãe. Também assinalou que, diante do perigo da inclusão materna, a posição do pai "não é outra ameaça, mas um apoio de grande força". Esse apoio lhe permite compensar a tendência regressiva feminizante de se reunificar com a mãe. A individuação/separação da mãe requer a renúncia à identificação narcisista primária com ela[6]. Dessa vez, a identificação passa pela castração, para permitir a separação.

Esses autores apontam que a tarefa fundamental que é levada a cabo em toda sociedade é a diferenciação entre o menino e a mãe, com o estabelecimento de limites adequados entre eles, para depois orientar o menino a rescindir sua identificação primária e alcançar uma identidade masculina. Ainda que a menina também precise do estabelecimento desses limites, não rescinde a identificação inicial com a mãe.

Na minha opinião, tanto o homem como a mulher "rescindem" essa identificação narcísica; ao menos, é a exigência que o acesso a uma ordem simbólica supõe, ainda que no caso do homem o corte seja mais claro e definitivo. É claro, no entanto, que as identificações são impossíveis de rescindir, persistindo como "retalhos" que dão conta da possibilidade de o sujeito ocupar um lugar "masculino" ou "feminino", qualquer que seja seu sexo.

Vimos que na Nova Guiné a menina amadurece "naturalmente" e as cerimônias da puberdade feminina celebram essa maturação, enquanto que a mesma maturação deve ser induzida pela iniciação do menino. O menino deve superar sua identificação feminina para renascer como um homem. Isso constitui mais um aspecto da iniciação como renascimento. Ainda que seja verdade que a menina deve mudar sua eleição de objeto amoroso, a tarefa do menino consiste em reverter sua identificação básica e para isso precisa, na concepção desses povos, de um maior apoio externo (muitos costumes ocidentais procuram também proporcionar esse apoio).

Aqui se revela claramente o sentido da castração simbólica como *corte*, que permite aceder a uma posição masculina, ou feminina, através da resistência a uma posição fálica narcisista. Trata-se da castração cultu-

---

6 Citado por R. e T. LIDZ.

ral, da qual fala Françoise Dolto, contrapondo-a à castração natural ou primária, que resulta da realidade monossexuada e mortal do corpo humano. A castração cultural não tem sentido estruturante, segundo Dolto, se o sujeito não valorizou previamente o progenitor de seu mesmo sexo, do ponto de vista social, e se também não valorizou o erotismo e a fecundidade humana[7].

R. e T. Lidz consideram a castração no sentido da ameaça real, ao dizer que os homens, em vez de ameaçar com a castração, advertem o menino de que permanecer perto da mãe colocará em perigo sua saúde e sua maturação sexual: a adesão à mãe é concebida como castradora.

Acredito que o procedimento do rito demonstra, na verdade, que o púbere não é induzido a renunciar à identificação feminina, mas a *se separar* da mãe, favorecendo essa separação, precisamente, mediante a identificação com ela (que não é mais a identificação narcísica da criança). Justamente, os autores citados diziam, a respeito disso, que toda tendência do menino a ser uma mulher é compensada proporcionando-lhe equivalentes do que um homem poderia invejar numa mulher: a capacidade de se purificar através da menstruação e sua criatividade natural, que o homem só alcança tocando as flautas sagradas.

Observa-se isso claramente também nos povos que praticam a subincisão, mediante a qual dota-se o iniciado de um órgão sexual feminino para torná-lo semelhante às divindades que seriam bissexuais. Chama-se o iniciado que acaba de ser operado de "o que tem uma vulva". A transformação ritual do neófito em mulher durante a cerimônia de iniciação constitui um fenômeno bastante difundido. Em vários povos africanos ele é vestido de mulher, enquanto que as meninas iniciadas vestem roupas de homem.

Do ponto de vista religioso, isso está relacionado com a idéia de "totalidade divina". É possível alcançar uma modalidade específica de ser – masculina ou feminina – se se viveu, simbolicamente, como uma totalidade. Encontramos aqui o desejo de reencontrar uma situação primordial, de totalidade e de perfeição (narcisismo primário).

Por outro lado, o sangue é um símbolo de força e fecundidade. Na Austrália, os iniciados são untados com ocre vermelho (substituto do

---

7 F. DOLTO: *El caso Dominique*, México, Siglo XXI, 1975.

sangue) ou salpicados diretamente com sangue. Alguns povos prendem no chão duas árvores jovens, com as raízes para cima, untadas com sangue humano.

Esses ritos não constituem uma mera curiosidade antropológica; acredito, pelo contrário, que têm uma significação que ultrapassa seus limites e aponta para processos de nível mais geral: entre nós, de fato, encontramos situações que oferecem um interessante paralelo com eles. Trata-se de certos acidentes sangüíneos nos homens, que poderíamos considerar como um deslocamento e, portanto, como menstruações variantes. (No capítulo seguinte, tratarei desse mesmo processo no caso da mulher).

Assim, E. Lemoine-Luccioni apresenta estas palavras de um paciente: "Estava certo de que tinha coágulos de sangue na cabeça". Ele pretendia explicar desse modo as "terríveis enxaquecas" de que padecera desde os doze anos. Evidentemente, nas meninas dessa idade o sangue segue outras vias[8].

Já Groddeck relacionara as hemorragias nasais, anais, pulmonares, assim como a dor de cabeça, a imagens puerperais[9].

Outro exemplo é o do célebre "Homem dos ratos"[10]: quando seu pai lhe dizia que "enchia sua cabeça de coisas", ele imaginava que tinha um coágulo na cabeça e que devia fazer um buraco para deixá-lo sair. O tema da menstruação aparece também nesse caso através da obsessão central em relação aos ratos. Quando o paciente pronuncia a fórmula mágica *Glejisamen*, que Freud interpreta como destinada a protegê-lo de sua amada e ao mesmo tempo realizar um contato sexual com ela (Gisela-semen), acrescenta-lhe as palavras "sem ratos". Mas em vez de imaginar a palavra *ratten* (em alemão: ratos), visualiza-a só com um *t*, quer dizer, *raten* (em alemão: parcelas). Independentemente do tema da dívida, as "parcelas" implicam a idéia de periodicidade, sendo associadas assim ao período menstrual.

Tanto a menstruação vicariante, como as fantasias de menstruação no menino podem ter, como indiquei no começo do capítulo, a signifi-

---

[8] E. LEMOINE-LUCCIONI: *Partage des femmes*, Seuil, Paris, 1976.

[9] G. GRODDECK: *El libro de ello*, Taurus, Madri, 1975.

[10] S. FREUD: "Notas originales", em *Los casos de S.FREUD. El Hombre de las Ratas*, Nueva Visión, Buenos Aires, 1976.

cação de preparar, mediante a identificação feminina, o caminho para a separação da mãe, que supõe o reconhecimento da diferença dos sexos, ou então, podem ser uma tentativa de negar toda diferença, restituindo a posição narcisista do menino (mais adiante voltarei a esse assunto). Assim, os ritos da menstruação masculina podem representar a diferença sexual e a negação da mesma (bissexualidade).

Notemos, de passagem, que a complexidade de representações e sentimentos que o sangue menstrual desperta está intimamente relacionada com as fantasias referentes à morte, na medida em que a visão do sangue intensifica os temores da castração, como castigo tanto pelos desejos edípicos como pela masturbação, representa a diferença dos sexos.

Vejamos agora a significação que a menstruação propriamente dita adquire na puberdade, em sua passagem do acontecimento "natural" ao rito.

Capítulo V
A menstruação como ritual

"Todas vocês morrem aos quinze anos".

Diderot: Carta a Sophie Wolland

A puberdade feminina é marcada pela menstruação, sinal da maturidade sexual que é incluída, por suas significações, numa ordem diferente dos fenômenos "naturais" ou biológicos. O drama da puberdade feminina consiste em que a menina não pode continuar crescendo se não se interroga sobre sua feminidade, que ela vê como doença, sofrimento e morte.

Ainda que em torno da primeira menstruação se estruturem ritos ou cerimônias de iniciação em diversos povos[1], acredito que a menarca, enquanto tal, adquire o valor de uma iniciação não só nesses povos, mas entre nós também. Existe uma grande semelhança entre os ritos e tabus dos povos ditos "primitivos" e as configurações sintomáticas que observamos nas meninas de nossa sociedade.

Segundo informações antropológicas, as crenças, ritos e tabus em relação às mulheres menstruadas revelam a idéia de que elas são perigosas e sujas nesse momento.

Plínio, em sua *História Natural*, faz uma longa lista de perigos que podem provir da menstruação: o toque de uma mulher menstruada transforma o vinho em vinagre, queima os grãos, mata as sementeiras, enche

[1] Os ritos femininos de iniciação encontram-se menos difundidos que os masculinos e são também menos elaborados.

as hortas de parasitas, faz as frutas das árvores caírem prematuramente, torna os espelhos opacos, embota as navalhas, enferruja o ferro e o latão, mata as abelhas ou as afasta de suas colmeias, faz as éguas abortarem e assim sucessivamente[2].

M. Chadwick observa que às mulheres que ficam menstruadas são atribuídos os mesmos poderes malignos que às "bruxas" do folclore: ódio, poderes mágicos, canibalismo, possibilidade de envenenar, etc, o que desperta um intenso temor da morte[3]. Simone de Beauvoir[4] considera que o horror que o homem sente diante de sua mulher, cujo sangue está relacionado com a morte, é o horror de sua própria contingência carnal, que ele projeta nela.

Chadwick assinala também que os tabus e superstições que cercam as mulheres menstruadas muitas vezes tornam-se mais graves a respeito das meninas que têm sua primeira menstruação. Elas, *assim como* as mulheres mais velhas, são consideradas um grave perigo público.

No Egito, a mulher permanece reclusa durante todo o intervalo de sua primeira menstruação. Freqüentemente é exposta sobre o telhado de uma casa ou relegada a uma cabana fora dos limites da cidade e não é possível vê-la nem tocá-la: ela mesma não deve se tocar com a mão. Nos povos onde catar piolhos constitui uma prática diária, enviam-lhe um pequeno bastão para se coçar. Ela não deve tocar os alimentos com os dedos e às vezes é até proibida de comer. Em alguns casos, a mãe e a irmã podem alimentá-la mediante algum instrumento, mas todos os objetos que estiveram em contato com ela durante esse período devem ser queimados. Passada essa primeira prova, os tabus menstruais tornam-se menos severos, mas continuam sendo rigorosos.

S. de Beauvoir assinala que nas sociedades matriarcais as virtudes atribuídas à menstruação são ambivalentes. Por um lado, acredita-se que ela paralisa as atividades sociais, destrói a força vital, emurchece as flores e faz cair os frutos, mas também se acredita que produz alguns efeitos positivos: a menstruação é usada nas poções de amor, nos remédios e para curar os cortes.

---

2 J. FRAZER: *La rama dorada.* Fondo de Cultura Económica, México, 1969.

3 M. CHADWICK: "The Psychological Problems of Menstruation", *New and Ment. Dis*, Pub. Co., Nova York, 1932.

4 S. de BEAUVOIR: *El segundo sexo*, Siglo Veinte, Buenos Aires, 1977.

Ainda hoje, alguns índios colocam na frente das embarcações um tampão de fibras impregnadas de sangue menstrual quando partem para combater contra os monstros que acossam seus rios.

As jovens de certas cidades gregas levavam ao templo de Astarté, como homenagem, a roupa manchada com seu primeiro sangue.

Mas, a partir do patriarcado, predominou a atitude de atribuir somente poderes nefastos à menstruação. Assim, durante a iniciação dos Chago, exorta-se as meninas a dissimularem cuidadosamente seu sangue menstrual: "Não o mostre a sua mãe, pois ela morrerá. Não o mostre a suas companheiras, pois pode haver alguma que seja malvada e se apodere do pano com o qual você se limpou e então seu casamento será estéril. Não o mostre a uma mulher má, que pegará o pano para colocá-lo no alto de sua cabana e você não poderá ter filhos. Não jogue o pano no caminho ou no mato. Uma pessoa má pode fazer coisas más com ele. Enterre-o na terra. Afaste o sangue dos olhares de seu pai, de irmãs e irmãos. Se deixar que eles vejam, você está cometendo um pecado"[5].

Entre os tabus que se referem à mulher menstruada, o mais rigoroso é a proibição de toda relação sexual. O Levítico condena o homem que viola essa regra a sete dias de impureza. As leis de Manu afirmam que "a sabedoria, a energia, a força e a vitalidade de um homem que chega perto de uma mulher manchada pelas excreções menstruais perecem para sempre".

S. de Beauvoir assinala que o sangue menstrual não é o que faz da mulher um ser impuro, mas que, pelo contrário, ele manifesta sua impureza (como prova o ritual da menstruação masculina como purificação). A menstruação aparece quando a mulher pode ser fecundada e desaparece quando isso não é mais possível; daí a autora concluir que, ao rejeitar a mulher menstruada, o homem está rejeitando a mãe, na medida em que se afasta sexualmente da mulher quando ela se dedica a seu papel reprodutor: durante a menstruação, a gravidez e a lactância.

Em muitos povos, a menina, ao chegar à puberdade, deve se submeter a diferentes restrições e, em algumas tribos, a operações cruéis. Malinowski descreve povos em que, no momento da puberdade, pratica-se a defloração com ajuda de um bastão, um osso ou uma pedra. Em

---

5 C. LEVI-STRAUSS: *Las estructuras elementales del parentesco.*

outras tribos, ao chegar à puberdade, a menina é submetida a uma iniciação selvagem: vários homens a levam para fora da aldeia e lhe tiram a virgindade com ajuda de alguns instrumentos ou a violam. Um dos ritos mais freqüentes é o que consiste em entregar as virgens a estrangeiros de passagem pela aldeia.

Mas, em geral, depois das provas pelas quais têm que passar, há sempre uma comemoração por sua maturidade sexual por parte do grupo social: as cerimônias culminam com um festival, durante o qual a menina é aceita pela sociedade das mulheres adultas. Vemos, então, que os ritos de iniciação revelam a ambivalência experimentada diante da puberdade feminina.

Em nossa sociedade, encontramos a mesma ambivalência em dois "ritos" individuais opostos que se referem à menstruação.

"Muitas de nós tinham virado 'mocinhas' durante as férias; outras, no colégio, e então íamos *'ver o sangue'*, uma de cada vez, no banheiro do pátio, onde elas estavam sentadas, como rainhas que recebiam seus súditos"[6].

"Não foi minha mãe quem me disse. Ela só ficou menstruada com dezenove anos e, com medo de que rissem dela porque tinha sujado sua roupa, *enterrou tudo no mato*" (os itálicos são meus)[7].

Encontramos, nesses exemplos, os sentimentos contrapostos de orgulho e vergonha, que se refletem nas atitudes de exibição e ocultamento, respectivamente. O sangue conota vitalidade num caso, morte no outro.

Os ritos que se desenvolvem depois da aparição da menarca tendem a separar a menina de seus pais e especialmente de sua mãe, tal como ocorre nos ritos de iniciação masculinos. Frazer relata que em muitas tribos a menina deve abandonar a mãe quando aparece a primeira menstruação. Vive depois com uma mulher velha, que alguns autores consideram como símbolo da mãe assexuada, até ser entregue ao esposo.

Em outras tribos, durante a primeira menstruação e nos meses seguintes, as meninas são enclausuradas numa casinha, numa jaula ou numa rede. O abandono desse lugar, símbolo do seio materno, depois de um certo intervalo, corresponde a um renascimento e significa a separação definitiva da mãe[8].

---

6 THYOR MONNIER: *Yo*, citado por S. de BEAUVOIR.

7 W. LIEPMANN: *Juventud y sexualidad*, citado por S. de BEAUVOIR.

8 J. FRAZER, op. cit..

Winterstein assinala que em muitas tribos a mãe, ou um substituto dela, executa a parte mais cruel dos ritos de iniciação das púberes, para se vingar e se defender inconscientemente dos impulsos incestuosos e sádicos de suas filhas[9].

Até agora encontramos elementos muito similares aos que assinalamos nos ritos de iniciação masculinos: separação da mãe, isolamento, castigo, renascimento.

No entanto, não aparece nesses ritos o elemento significante da castração simbólica, com a clareza que o caracteriza nos masculinos. Acredito que isso se deve a que a hemorragia real é experimentada como produto de uma castração imaginária. Pelas características desses ritos, observa-se que a ameaça de morte é concebida como algo que provém da própria menina: ela é impura e perigosa. Por isso eu dizia antes que a própria menarca adquire o valor de um ritual. Ainda que, de qualquer modo, em alguns povos a ameaça de castração esteja assinalada, como vimos, na medida em que a não-observância dos tabus e prescrições pode levar à esterilidade. Mas, em todo caso, a menina púbere é considerada como possível fonte de todo tipo de mal.

Helene Deutsch dá importância à menarca não só por sua relação com a puberdade, por ser a expressão da maturidade sexual e ter uma relação especial com a reprodução e por ser o centro da problemática desse momento da vida, mas também porque é uma hemorragia que provoca agressão, idéias de autodestruição e angústia[10].

Em nossa sociedade, a primeira menstruação costuma ser um acontecimento vergonhoso, do qual não se deve falar e que deve ser ocultado, do mesmo modo que as meninas dos exemplos mencionados se escondem dos outros. H. Deutsch assinala que, na maioria das vezes, as mães falam com suas filhas com mais facilidade sobre a concepção, a gravidez e o parto, do que sobre a menstruação, o que reforça o sentimento de culpa e vergonha das meninas.

Edmond de Goncourt, em *Chérie*, descreve o terror de uma jovem diante da primeira menstruação e acrescenta: "é muito raro, de fato, que as mulheres falem desse acontecimento. As mães temem advertir suas

---

[9] WINTERSTEIN, citado por M. LANGER.

[10] H. DEUTSCH: *La psicología de la mujer*, Losada, Buenos Aires, 1975.

filhas, as irmãs mais velhas negam-se a trocar confidências com as irmãs mais novas e as instrutoras geralmente não falam nada para as meninas que não têm mãe nem irmãs".

A rejeição e o ocultamento da menstruação vinculam-se com o fato de que esta assinala para a menina que ela é mulher; e ser mulher equivale a rivalizar com a mãe provocando seu ódio, ou a se identificar com ela, com o perigo de sofrer, então, todos os males que a menina desejara-lhe anteriormente, ou todos os males que na sua infância relacionou com "segredos" da mãe ligados à menstruação: dores menstruais, roupas manchadas de sangue, além das fantasias referidas aos poderes malignos da "bruxa" que aparecem em todas as meninas, assim como nas crenças populares de alguns grupos sociais.

Durante a infância, a menstruação da mãe é associada a crueldade, sujeira e reações de desgosto. Isso reaparece quando a mãe enfrenta o tema da menstruação, nos casos em que o faz, criando na menina repulsa pela mãe (ver cap. IX).

Isso também está relacionado a motivos que a mãe pode ter para ocultar sua própria menstruação. Segundo H. Deutsch, "sem dúvida teme a provável reação de sua filha contra ela".

Essa autora descreve as diferentes reações perante a menstruação, em função das diferentes "fases" da puberdade em que ela aparece pela primeira vez; acredito que se trata de diferentes significados que sempre coexistem, alguns deles passando pelo recalque, dependendo das circunstâncias que rodeiem a menarca.

Para Deutsch, na puberdade, a hemorragia genital aparece como mais uma função eliminatória. A menina sente vergonha dela, tenta ocultá-la e quando se a descobre sente que foi surpreendida fazendo algo repugnante. A menstruação aparece como algo sujo por sua relação com a "teoria da cloaca"; tudo o que procede dos "orifícios inferiores" do corpo é sujo e desagradável. A sensação de sujeira pode se estender na fantasia para todo o corpo e a menina se sentirá então suja e desprezível. Sua relação consigo mesma equivale a sua relação anterior com a mãe menstruada. A menstruação é experimentada como a emissão ingovernável de líquidos do corpo. As dificuldades experimentadas então se repetirão, no momento correspondente, com respeito ao controle de esfíncteres.

Durante a puberdade, a menstruação é vivida como uma ferida narcisista, em diferentes níveis:

1. Em função da intensificação das pulsões sexuais, a menstruação é humilhante na medida em que evidencia a castração (de um pênis imaginário), acertando um duro golpe na posição bissexual da menina. S. de Beauvoir afirma que "a menstruação inspira horror à adolescente, por precipitá-la numa categoria inferior e mutilada". A palavra inglesa para designar a menstruação é freqüentemente *curse*, quer dizer, "maldição". Freud já interpretara o temor do homem em relação à menstruação como temor do genital "castrado" e ensangüentado da mulher. Do mesmo modo, outros psicanalistas assinalaram a relação entre as reações diante da menarca e o problema da castração. Se até esse momento a menina sonhara que era menino ou que podia se transformar em menino, a menstruação é a prova irreversível de que esses sonhos são impossíveis. Como diz S. de Beauvoir, "agora está definitivamente do lado das mulheres". A falta de pênis, falta imaginária, decerto, já que na verdade nada lhe falta, torna-se mancha e culpa.

Peter Blos ilustra a posição bissexual com as palavras de uma menina de quinze anos, Betty, que descreve assim as fantasias que tem antes de dormir:

"Primeiro uma menina como Jane e depois um homem como uma menina e depois uma menina que se transforma em outro menino que é outra menina. Tudo está misturado, mas principalmente sou uma menina vestida de menino. Não sei por quê".

"No começo, era uma menina que estava vestida como um menino e ninguém sabia que era uma menina. Depois era uma menina vestida como um menino, mas só algumas pessoas sabiam que era uma menina. No final, era uma menina vestida como um menino, mas a metade do tempo era uma menina. Lembro que uma noite me transformei num menino e depois numa menina e assim passo o tempo todo, tentando me decidir"[11].

2. O narcisismo supõe a característica libidinal da própria imagem, quer dizer, da imagem do próprio corpo. A vulnerabilidade narcisista em relação ao corpo como um todo se expressa fundamentalmente na rejeição de todo aquele que possa destruir sua integridade (ver cap. VII).

Toda ferida, e como tal é vivida a hemorragia menstrual, suscita reações primitivas que tendem a "curar" a parte do corpo danificada,

[11] P. BLOS: *Psicoanálisis de la adolescencia*, Joaquín Mortiz, 1971.

neste caso os genitais, reconstituindo a imagem do corpo intacto e bem integrado, que se sente ameaçado durante a menstruação.

Isso é assim porque a angústia diante da visão do sangue não se limita ao órgão genital, mas abarca a idéia de que o corpo todo pode estar separado e despedaçado.

H. Deutsch relaciona essa fantasia, que se refere à reconstrução do corpo, com a inveja do pênis e a pressão das pulsões sexuais ativas. Mas acredito que o núcleo desse processo nos remete à formação do eu ideal a partir da imagem especular: a menina tende a reforçar a imagem ideal na medida em que a menstruação desperta nela fantasias relacionadas com as vivências do corpo despedaçado e desarticulado dos primeiros meses de vida, o que remete, por sua vez, à morte.

"Relatávamos como, na nossa cidade, uma menina foi ferida por um raio. O curandeiro disse que alguém devia estar menstruada e não havia confessado. Então, ele chamou todas as meninas, tirou seus cristais e observou-os: 'Foi a mesma menina', ele disse. 'Ela se matou'"[12].

Mais tarde voltarei a essa relação entre menstruação e morte.

Deutsch, na verdade, alude à tensão entre as fantasias de corpo despedaçado e a necessidade de reconstituir a imagem ideal.

"Toda a personalidade oscila, durante a puberdade, entre a vaidade narcisista e os sentimentos de inferioridade; assim como algumas vezes admira ardentemente e outras critica duramente sua imagem tantas vezes contemplada no espelho, sua atitude em relação aos genitais durante esse período está cheia de contradições. Lembremos do posicionamento duplo da menina em relação ao órgão sexual – uma 'cloaca' e uma 'jóia'. Agora a menina começa a se referir à conservação desse 'tesouro' intacto. Essa posição narcisista positiva é um cinto de castidade mais sólido e seguro. Mas o exagero dessa atitude e a intensificação de suas ansiedades relacionadas com os genitais podem ser sintomas de perturbação neurótica. Quanto mais narcisista seja a relação, mais violenta será a reação ansiosa, que algumas vezes é transferida dos genitais a outras partes do corpo e se expressa na típica hipocondria da puberdade"[13].

---

[12] R. M. UNDERHILL: "The autobiography of a Papago Woman", *Am. Anthropol. Association*, vol. 46, 1936.

[13] H. DEUTSCH, op. cit..

Uma manifestação dessa atitude narcisista é a excessiva estima da menina a respeito de si própria como um objeto sexual: a valorização dos genitais como uma "jóia" resulta da sobrecompensação do sentimento de inferioridade vinculado à castração e aos fantasmas que se referem ao corpo despedaçado (no cap. IX voltarei à vivência de castração na mulher).

Vejamos um exemplo desse processo de sobrecompensação levado a um grau extremo, exemplo que ilustra, ao mesmo tempo, o desencadeamento de uma psicose a partir da primeira menstruação.

"Marie B. é uma menina inteligente e sonhadora. No momento da puberdade, em torno dos catorze anos, tem uma crise de excitação psíquica com mania de grandeza. Ela diz a seus pais, de uma hora para a outra, que é a rainha da Espanha, adota atitudes sobranceiras, cobre-se com uma cortina, ri, canta e manda. Esse estado repete-se durante dois anos, na época da menstruação; nos oito anos seguintes, leva uma vida normal, mas é muito sonhadora, adora o luxo e diz freqüentemente, cheia de amargura: 'Sou filha de um empregado'. Aos vinte e três anos torna-se apática, despreza seu entorno e manifesta concepções ambiciosas; acaba piorando a tal ponto que é internada em Santa Ana, onde fica oito meses. Ela volta para a casa de sua família e durante três anos fica deitada na cama. 'Desagradável, má, violenta, teimosa, desocupada, causando para todos que a rodeiam uma verdadeira vida infernal'. É levada novamente para Santa Ana, de onde nunca mais sai. Fica de cama e não se interessa por nada. Em certos períodos – que parecem corresponder às épocas menstruais – levanta-se, envolve-se nas colchas e adota atitudes teatrais, poses, sorri para os médicos ou os olha ironicamente. Suas palavras expressam com freqüência certo erotismo e sua atitude sobranceira traduz concepções megalomaníacas. Submerge cada vez mais no devaneio, durante o qual sorri; já não se preocupa por sua roupa e até se suja na cama. Arvora estranhos ornamentos. Sem camisa e freqüentemente sem roupa, coberta pela colcha quando não se exibe nua, sua cabeça está ornada com um diadema de papel de estanho e nos braços, pulsos, ombros e calcanhares leva inumeráveis braceletes de barbantes e fitas. Também tem nos dedos anéis do mesmo tipo. No entanto, às vezes faz confidências completamente lúcidas sobre seu estado.

'Lembro da crise que tive em outra época. No fundo, sabia que não era verdade. Eu era como uma menina que brinca com sua boneca e sabe perfeitamente que sua boneca não está viva, mas quer se convencer do contrário... Me penteava, me cobria com os lençóis. Tudo isso me divertia e depois, pouco a pouco, tudo isso acontecia mesmo sem eu querer, como se estivesse encantada, como se vivesse esse sonho... Me sentia como uma atriz que tivesse desempenhado um papel. Estava num mundo imaginário. Vivia várias vidas e *em todas essas vidas eu era a personagem principal.* Ah! tive tantas vidas diferentes! Certa vez me casei com um americano muito bonito, que usava uns óculos de ouro... Tínhamos um grande palácio e cada um seu quarto. Que festas dei ali!... Vivi no tempo dos homens das cavernas... Em outras épocas, me divertia muito. Não sei com quantos homens me deitei. Aqui estamos um pouco atrasados. Não compreendem que eu fique nua e coloque um bracelete de ouro na coxa. Em outros tempos tinha amigos de quem eu gostava muito. Dávamos festas na minha casa. Havia flores, perfumes e peles de arminho. Meus amigos me davam objetos de arte, estátuas, carros... Quando fico nua, debaixo dos lençóis, lembro das minhas vidas passadas. *Me admirava na frente do espelho*, como uma artista... Fui tudo o que quis nessa vida de encantamento. Tive amantes... Vinham para o meu quarto de noite. De dois em dois. Traziam com eles cabeleireiros e olhávamos cartões postais'. Gosta também de um dos médicos, de quem se declara amante. Teria tido uma filha de três anos. E também uma de seis, que é muito feliz e viaja. O pai é um homem superchique. Há outros dez contos parecidos. Cada um deles corresponde a uma existência fictícia, que ela vive em sua imaginação"[14].

Marie B. encena situações alternativas, que podem se equiparar, respectivamente, a ritos opostos que se referem à menarca:

1. Frazer relata que na ilha de Mabuiag, no Estreito de Torres, quando os signos da puberdade aparecem numa menina, faz-se um círculo de ramos num canto da casa. "Ali, adornada com talins, braceletes e brincos sob os joelhos e os calcanhares, levando uma coroa na cabeça e ornamentos de conchas nas orelhas, no peito e nas costas, ela fica de cócoras no centro do círculo de ramos (...). Depois de comer, há um baile no qual a menina tem um papel principal, dançando entre os dois maridos de suas tias, que tomaram conta dela quando estava trancada".

---

[14] MINKOWSKI: *La esquizofrenia.*

2. Entre os índios do Alasca, quando uma menina atinge a puberdade, é confinada numa choça pequena ou numa jaula completamente fechada, com exceção de um pequeno buraco para que entre o ar. "Nessa escura e imunda morada tinha que permanecer um ano, sem fogo, exercício, nem companhia".

A emergência da psicose, no caso de Marie B., traduz a intolerância da metamorfose corporal representada especialmente pela primeira menstruação e a tentativa de reconciliar os aspectos de festa e desgraça da mesma. Podemos citar outro exemplo similar, relatado por Pierre Janet:

"Nádia era uma jovem de uma família rica e notavelmente inteligente, elegante e artística, era principalmente uma excelente música, mas desde criança revelou-se teimosa e irritável. Queria intensamente ser amada e reclamava de todos um amor louco, tanto de seus pais como de seus irmãos e empregados; mas, assim que lhe demonstravam um pouco de afeto, tornava-se de tal modo exigente e dominadora que logo afastava as pessoas do seu lado; como era terrivelmente suscetível, as gozações de seus primos, que desejavam mudar seu caráter, acabaram criando nela um sentimento de vergonha que se situou no seu corpo. Por outro lado, sua necessidade de ser amada inspirava o desejo de continuar sendo menina, de ser sempre uma menininha mimada, que pode exigir tudo; resumindo, ficava aterrorizada com a idéia de crescer... A chegada precoce da puberdade agravou singularmente as coisas, ao misturar os temores do pudor com seus temores de crescer: 'Já que os homens gostam de mulheres gordas, eu quero ser sempre muito magra'. O terror do pêlo do púbis e do desenvolvimento do seio juntou-se aos temores precedentes. Desde os onze anos, como usava saias curtas, achava que todo mundo olhava para ela; passou a usar saias longas e então ficou com vergonha de seus pés, de seu quadril, etc. A vinda da menstruação deixou-a meio maluca: quando o pêlo do púbis começou a crescer tinha certeza de que era o único ser no mundo com essa monstruosidade e se depilou até os vinte anos 'para fazer desaparecer esse ornamento selvagem'. O crescimento do seio agravou suas obsessões, porque sempre sentira horror da obesidade; não a detestava em outras, mas achava que nela era um defeito. 'Não quero ser bonita, mas me daria muita vergonha se ficasse inchada, teria horror, se por uma desgraça engordasse não deixaria nunca mais que ninguém me visse'.

Então começou a procurar todos os meios para não crescer, cercou-se de precauções, fez juramentos, entregou-se a conjurações: jurava que recomeçaria cinco ou dez vezes sua oração, pular cinco vezes num pé só. 'Se toco quatro vezes uma nota do piano no mesmo lugar, aceito crescer e não ser querida por ninguém'. Acabou decidindo não comer. 'Não queria mais engordar, nem crescer, nem me parecer com uma mulher, porque queria ser sempre uma menina'. Ela promete solenemente não aceitar mais nenhum alimento; acaba cedendo às súplicas de sua mãe e quebra o voto, mas então passa horas ajoelhada, escrevendo juramentos e quebrando-os.

Depois da morte de sua mãe, falecida quando ela estava com dezoito anos, impõe-se o seguinte regime: dois pratos de caldo, uma gema de ovo, uma colher de vinagre e uma xícara de chá com o suco de um limão inteiro; e isso é tudo o que ingere durante o dia. A fome a devora. 'Às vezes passava horas pensando na comida, de tanta fome que eu sentia: engolia a saliva, mastigava o lenço, rolava pelo chão, de tão faminta que eu estava'. Mas resistia às tentações.

Mesmo sendo linda, achava que seu rosto era rechonchudo e cheio de espinhas e, se o médico afirmava não vê-las, ela dizia que ele não estava entendendo nada, que não sabia 'reconhecer essas espinhas que estão entre a pele e a carne'. Acabou sendo separada de sua família e se trancou num apartamento onde só via seu enfermeiro e seu médico, não saía nunca e dificilmente aceitava a visita de seu pai, que lhe provocou uma grave recaída ao dizer um dia que ela estava com uma cara boa; ela tinha medo de estar gorda ou de ter uma pele brilhante ou músculos muito fortes. Era-lhe tão intolerável ser vista, ou mesmo *visível*, que vivia quase sempre na escuridão"[15].

O terror da mudança corporal está centrado no medo e na rejeição do corpo da mulher, identificado com o corpo da mãe e a gravidez. A angústia despertada pela visão da própria imagem corporal (que no caso de Nádia configura um delírio) leva ao medo de ser vista, que é um dos temores mais freqüentes nas meninas ao chegar à puberdade. Lembremos que em numerosos povos as meninas púberes não devem ser vistas, já que a visão delas pode produzir diversas catástrofes; por isso permanecem reclusas

---

[15] P. JANET: *Las obsesiones y la psicastenia.*

na escuridão. Dizia-se que as meninas cambojanas, ao chegar à puberdade, "entravam na sombra" (no cap. IX voltarei ao significado da "sombra").

Em muitos casos, observei a tentativa de controlar ou deter o crescimento mediante o controle rigoroso da ingestão de comida; a idéia de "estar gorda" corresponde ao temor produzido pelo crescimento "desigual" do corpo, especialmente o crescimento de peitos e quadris, que é vivido como uma deformação. Ao mesmo tempo, o medo da gordura vincula-se com as fantasias de gravidez que se associam à aparição da menarca, como veremos mais adiante.

Também observei a angústia pelas espinhas (no caso de Nádia, ao que parece, correspondem a uma percepção delirante do próprio corpo, mas em muitas meninas são sintomas visíveis), relacionadas em geral às fantasias de gravidez, mas consideradas também como "delatoras" da menstruação e/ou da masturbação.

H. Deutsch relata o caso de uma menina de catorze anos, em quem se desencadeou uma psicose aguda no segundo dia de sua primeira menstruação. Ela foi levada para a clínica psiquiátrica de Viena dançando e rindo. Sua cara estava manchada de ruge, seu cabelo despenteado e ela levantava as roupas usando uma linguagem obscena e repetindo constantemente a palavra *Politdick.*

Quando começou o tratamento analítico, observou-se que essa palavra alemã era uma composição das palavras *Polizer* (polícia) e *dick* (gordo). Deutsch considera que essas duas palavras indicam as angústias da puberdade. *Polizei* relaciona-se com a idéia proibida e temida da prostituição, que em seu país estava sob a vigilância da polícia; a segunda palavra referia-se ao perigo de gravidez ("estar gorda").

A primeira menstruação atuou nessa menina como fator desencadeador de uma conduta psicótica que exibia o que Nádia se esforçava por negar e compensar.

Deutsch descreve outras reações psicóticas, como a de interpretar as mudanças corporais como produto de um "encantamento" ou como efeitos ocasionados por uma "máquina". Em outros casos, para se salvar da destruição total, a menina transforma imaginariamente seu corpo no de outra pessoa.

Observaram-se também tentativas de suicídio desencadeadas pela aparição da menarca. Deutsch assinala que os impulsos agressivos se intensificam durante a menstruação, ao ponto de em muitos países as leis a considerarem uma circunstância atenuante dos delitos cometidos nesse momento.

Marie Langer assinala que a menstruação pode servir para satisfazer tendências agressivas dirigidas contra a mãe. O próprio útero, por ser o órgão central da maternidade, é identificado com ela. Essa autora relata o caso de uma paciente que descrevia o prazer sádico que sentia ao observar seu sangue menstrual escorrendo por suas coxas. Lembrava-se de ter sentido uma intensa excitação ao ler num romance a descrição de como o sangue menstrual escorria pelas pernas nuas de uma camponesa, manchando o chão. Para ela "o útero era sua própria mãe, que sangrava e sofria durante a menstruação"[16].

Como vimos, as pulsões destrutivas podem voltar-se contra si mesmo e conduzir à realização de tentativas de suicídio.

W. Steckel conta a história de uma menina que tentou se suicidar porque acreditou ver na menstruação o sinal e o castigo pelas "impurezas que manchavam sua alma"[17].

H. Ellis descreve também uma tentativa de suicídio nessas circunstâncias:

"Há poucos anos foi citado na imprensa francesa o caso de uma menina de quinze anos que se jogou no Sena em Saint Ouen. Ela foi salva e, ao ser conduzida até o delegado de polícia, disse que fora vítima de uma 'doença desconhecida' que a levara ao desespero". Um interrogatório revelou que a 'doença misteriosa' era a menstruação[18].

H. Deutsch afirma também que são conhecidos alguns casos de tentativas de suicídio durante a menstruação, devido a que as meninas se sentem atormentadas diante do terrível temor de uma doença dolorosa.

Isso nos conduz ao problema das dores menstruais, vinculadas tanto às fantasias do parto como ao temor da doença. Ao considerar a dor como sintoma de uma doença, evita-se a significação sexual do processo e a angústia que o acompanha. Mas a idéia de doença e sofrimento associa-se também ao temor da morte e ao despedaçamento corporal. S. de

---

[16] B. LANGER: *Maternidade e sexo*, Paidós, Buenos Aires, 1974.

[17] W. STECKEL: *Cartas a una madre.*

[18] H. ELLIS: *Studies in the psychology of sex*, Nova York, Random House, 1928.

Beauvoir diz: "É natural que a jovem tenha medo, pois acha que sua vida está indo embora".

É conveniente esclarecer, acerca desse medo supostamente "natural", que os ritos examinados, as fantasias relacionadas com a menstruação e a psicopatologia desencadeada por ela são igualmente efeitos culturais, em particular, de sociedades patriarcais. Já mencionei os festejos que acompanham a puberdade feminina nas sociedades matriarcais.

São de interesse, nesse sentido, as sociedades secretas femininas, como a sociedade Nyembe, bastante difundida na África Ocidental[19]. A especificidade de sua experiência explica o desejo das mulheres de se organizarem em círculos fechados, para celebrar os mistérios relacionados com a concepção, o nascimento e, em geral, a fertilidade universal. A sociedade secreta, de fato, confere às mulheres um prestígio mágico-religioso que lhes permite sair do estado de abjeta submissão com respeito a seus maridos. Observou-se que, nas tribos em que existe essa sociedade, as mulheres dispõem de uma liberdade maior. Conseqüentemente, a forma como a mulher experimenta sua feminidade, e a menstruação como sinal daquela, depende da definição social dos sexos em função do lugar que cada um deles ocupa.

As fantasias de doença e morte freqüentemente se associam aos transtornos psicossomáticos. Assim, por exemplo, Marie Langer relata o caso de uma grave dismenorréia numa adolescente, Adela B.. Ela tivera a menarca aos treze anos. Poucos dias depois, o copeiro da casa tentou violá-la e desistiu ao ser rejeitado pela menina.

A segunda menstruação e as seguintes foram acompanhadas de sintomas que não cediam diante de nenhum tipo de medicação: a menstruação causava-lhe uma grave depressão, com a sensação de estar suja, e a menina tinha fortes dores que a obrigavam a ficar na cama durante vários dias e uma intensa seborréia no rosto e no couro cabeludo.

Aos dezesseis anos, iniciou um tratamento psicanalítico, no curso do qual ficou claro que Adela equiparara suas dores menstruais às dores do parto. Inconscientemente considerava-se grávida como conseqüência de suas fantasias sexuais. As dores significavam também o castigo correspondente a essas fantasias. Seu desejo inconsciente de maternidade, que a

---

[19] MIRCEA ELIADE: *Initiation, rites, sociétés secrètes*, Gallimard, Idées, Paris, 1959.

fazia transformar cada menstruação num parto, entrava em conflito com seu sentimento de culpa pelo caráter incestuoso de seus desejos e pela sua hostilidade em relação à mãe.

A "tentativa de violação" por parte do copeiro foi equiparada a um coito e seguida de fantasias de gravidez e parto. Posteriormente, Adela reconheceu que ela mesma provocara o copeiro, exibindo-se em roupas íntimas.

Muitas vezes encontramos uma reação de negação absoluta diante da primeira menstruação. A menina não a menciona e, pelo contrário, pode se voltar para um refúgio na masculinidade, através da qual pretende negar a castração e afirmar a posse de um pênis imaginário. Esse conflito pode se expressar muitas vezes de forma psicossomática como uma inibição funcional: retenção da menstruação, que aparece muito tarde ou que se inicia e depois se interrompe durante anos.

Margarida, de dezesseis anos, queixa-se de seus fracassos no estudo: repetiu o primeiro ano pela terceira vez. É uma menina retraída, tímida, medrosa, insegura. Sempre se mostrou triste e angustiada e esses sintomas agravaram-se a partir da menarca, aos onze anos. Ainda que afirme que a encarou como algo natural, que a fez se sentir mais velha, sempre teve irregularidades; a menstruação vinha cada três ou quatro meses até que acabou parando. No momento em que vem me consultar, já leva oito ou nove meses sem menstruar.

Sente-se diferente de suas colegas, como se lhe *faltasse* algo. Seus temores centram-se no medo da morte do pai. Essa idéia a invade todas as noites ao se deitar e causa vários sonhos.

Por outro lado, sente que o centro de seus conflitos é sua mãe, alcoólatra, que nunca se recuperou da perda de seus dois primeiros filhos, logo depois do nascimento, dois e quatro anos antes do nascimento de Margarida. Tem outro filho, um menino de dez anos. Desde o nascimento de seus filhos, a mãe viveu sempre angustiada e com medo de perdê-los. Ela tinha horror aos partos, em que tiveram que usar fórceps, pois não tinha contrações espontâneas; era necessário provocá-las e ela não "colaborava".

O medo de perder o pai equivale à angústia de não poder se diferenciar da mãe, na medida em que sua adesão a ela cumpre a função de obturar a perda dos dois irmãos. Os sintomas de Margarida são produto da tensão entre a tendência a preencher esse vazio de sua mãe e a angústia de estar ocupando o lugar dos mortos. Menstruar significaria compartilhar o destino da mãe, geradora de morte, alcoolizada e desvalorizada pela família. A amenorréia a protege de ingressar na seqüência maturidade sexual-gravidez-morte-destruição, mas ao mesmo tempo é fonte de angústia na medida em que a leva, como as outras inibições, a uma espécie de "não-vida".

Outro desvio do problema é o deslocamento da hemorragia, conhecido com o nome de menstruação vicariante. Não há hemorragia, como no caso da amenorréia, mas ocorre em alguma outra parte do corpo. Deutsch refere-se a casos em que a hemorragia ocorria todos os meses, ou com intervalos irregulares, mas jamais nos genitais. Ela cita também o caso de uma menina que dizia "preferir sangrar todos os dias pelo nariz ou pela artéria do pulso, porque assim podia vê-lo". Propunha assim uma menstruação vicariante para evitar a hemorragia genital.

Deutsch menciona também o exemplo de uma paciente que iniciou um tratamento psicanalítico aos vinte e dois anos, tendo sofrido de amenorréia durante seis anos. Aos quinze anos teve uma menstruação normal; mais tarde, sofreu hemorragias irregulares sob a pele do lóbulo de uma orelha, às quais reagia sempre com ansiedade hipocondríaca. Imaginava que tinha câncer e que ia morrer por causa da hemorragia na orelha. Todos os tratamentos ginecológicos para restabelecer o ciclo menstrual normal fracassaram.

Na primeira infância, a paciente substituíra a masturbação pelo recurso de "puxar" a orelha. Na puberdade recorreu ao mesmo órgão como substituto de seus genitais.

No curso de seu tratamento psicanalítico, a paciente expressou fantasias nas quais considerava a vagina como um órgão e tudo o que se referia à feminidade concentrava-se na coluna vertebral. Queixava-se de dores na coluna, com intervalos quase regulares, cuja origem se manifestou na análise. Um dia recebeu um telegrama que lhe anunciava que sua irmã tivera um filho. No dia seguinte, queixou-se de dores na espinha dorsal e disse que notara nela um inchaço. Consultou um ginecologista que decidiu operá-la. Posteriormente, o cirurgião relatou que achara uma lesão que jamais observara antes: a biopsia revelou grande número de quistos cheios de sangue no tecido em torno das vértebras e a consistência do sangue demonstrou que eram de formação antiga e nova. Indubitavelmente tratava-se de menstruações vicariantes, que se localizaram na coluna vertebral.

Já assinalei a mobilização e o fortalecimento das fantasias de castração com o começo da menstruação. Isso se traduz freqüentemente em temores da perda da virgindade e da violação.

Marcela, de catorze anos, manifesta um medo intenso da morte, que a angustia e a limita há alguns meses. Relata que sente medo de sair, de que um carro a atropele. Alguns meses depois de começar a análise, seu medo centra-se na violação. "Me deram um susto! Me disseram que há alguns violadores que andam de carro, chegam perto, obrigam a gente a entrar e saem por aí...". E um mês depois: "Tive um sonho estranho. Eu e meu irmão estávamos andando por uma rua escura e passávamos por uma casa abandonada. Me lembrei dos violadores, senti medo".

Por outro lado, na medida em que a menstruação confronta a menina com sua função reprodutiva, mobiliza fantasias, desejos e temores em relação à gravidez. Uma menina citada por H. Deutsch, ao perceber a hemorragia, disse angustiada: "É ridículo, mas não posso deixar de pensar no que acontece quando a gente tem um filho".

Muitas meninas evitam o contato com homens durante a menstruação, o que corresponde à percepção da intensificação da excitação sexual, mas também expressa o temor inconsciente da gravidez.

Exporei agora a história de Molly, estudada por H. Deutsch, porque ilustra claramente as reações da menina diante da primeira menstruação, rejeitada e traumática porque lhe faz reviver seus conflitos edípicos infantis, e exemplifica a relação descrita entre primeira menstruação e fantasias de gravidez e de morte.

Aos catorze anos, a mãe de Molly a leva para uma clínica por causa de diversos temores, fundamentalmente o medo de desmaiar e morrer. Molly evitava sair de casa, por causa do medo de desmaiar e cair no chão, mas também se angustiava em quartos fechados e precisava verificar constantemente se podia sair do quarto. Não podia ficar quieta em casa e precisava abrir as janelas, a geladeira ou percorrer os quartos comendo uma maçã ou bebendo um copo de leite. Seu temor da morte era especialmente intenso durante a noite; ficava acordada com medo de morrer durante o sono. Temia também contrair diversas doenças. Às vezes, todas as coisas lhe pareciam irreais e se sentia como que afastada delas. Chegou a deixar de ir à escola, ao cinema, etc.

Molly era a quarta de cinco irmãos. O relatório da clínica para onde foi levada descreve o pai como um homem muito rigoroso e de mente muito fechada, criticando permanentemente o aspecto e a conduta de seus filhos. Em certas ocasiões, os pais passam várias semanas sem se falar, especialmente quando a mãe tenta defender Molly. A mãe abandonou várias vezes a casa durante três ou quatro dias, ameaçando não voltar mais.

Molly pensava que seu pai nunca gostara dela como de sua irmã mais nova, exceto quando fraturara o braço; o pai também se aproximara de sua filha quando ela começara a sofrer "dos nervos". As brigas dos pais a afetavam muito, pois acreditava que sua doença resultara na união dos dois.

Gostava de pensar em meninos, mas tinha medo de sair com eles, pois sentia que só podia se defender ficando vermelha. Seu temor aumentara porque uma menina de sua escola ficara grávida. A gravidez e o parto de sua irmã mais velha despertaram um grande interesse nela e ela mesma indicou que seu temor da morte começara quando, por causa do nascimento, ouvira dizer que algumas mulheres morrem no parto.

Sua doença atual manifestou-se depois que dois colegas do colégio desmaiaram quando a professora relatou que durante a primeira guerra mundial foram encontrados cadáveres nos depósitos de lixo. Ainda que ela não tenha desmaiado, sentiu uma tonteira e suas fantasias se concentraram na perda da consciência, que uma das colegas descrevia como algo terrível e a outra como algo maravilhoso.

Mas antes ela já tivera medo do desmaio e da morte. Uma das vezes foi quando sua irmã saiu de casa com o menino, que então tinha dois meses. Molly dera muita atenção ao bebê. No dia da partida, o pai acompanhou a irmã até a estação. A mãe, que estava muito comovida pela partida de sua filha mais velha e por uma briga que tivera com o marido, ameaçou sair de casa e se suicidar. Molly e seu irmão impediram que ela fosse embora. No começo, a mãe resistiu e depois desmaiou. As preocupações de Molly se centraram, a partir desse momento, na separação, no desmaio e na morte.

Molly começara a menstruar alguns meses antes, tentando sempre ocultar sua menstruação. Ao ficar menstruada, ela disse: "Alguma coisa vai me acontecer agora. Vou poder ter um filho". A irmã lhe respondeu:

"Para isso teria que viver com um homem"; Molly replicou: "Estou vivendo com dois homens, meu pai e seu marido".

A mãe descreve os sintomas de Molly como uma terrível angústia, que se produz quando sai de casa. Algumas vezes acha difícil sair da cama, onde se sente protegida. Não consegue dormir e fica acordada ouvindo os barulhos e imaginando que alguém quer entrar em casa. Tem acessos de choro que ocorrem a qualquer momento. Tem medo permanente de desmaiar e come freqüentemente, acreditando que a comida poderá evitar os desmaios.

A mãe também fica doente: tem medo de sair sozinha, foge dos carros e diz em tom de piada a Molly: "Vamos sair para morrermos juntas".

Já assinalara que a aparição da menstruação se relaciona na menina com as fantasias de gravidez e parto, tal como se observa no caso de Molly, que além disso nos mostra como essas fantasias estão intimamente ligadas a idéias de morte. Nesse caso, há acontecimentos externos que contribuíram para reforçar essa conexão, mas acredito que não são os determinantes fundamentais. Alguns autores, baseando-se no folclore e nos mitos, acreditam que o sangue constitui o elemento que faz a ligação com o parto.

H. Deutsch afirma que todas as idéias relacionadas com a função reprodutora, começando pela menstruação e pelo ato sexual, podem estar impregnadas pelo temor da morte.

Molly representa um exemplo desse temor da morte em relação à gravidez e ao parto. Como diz Deutsch, os sintomas lhe servem para fugir da ameaça de morte, mas ao mesmo tempo a obrigam a fugir da vida. Observáramos a mesma coisa no caso de Margarida.

Outro exemplo da associação entre menstruação e morte é o de Judy, estudado por Peter Blos. Sua mãe falara-lhe sobre a menstruação aos dez anos, dizendo que "logo algo aconteceria com ela todos os meses". Judy perguntou-lhe angustiada o que ia acontecer, mas, pelo que ela lembra, a mãe disse apenas: "Você vai ver, alguma coisa vai acontecer, algo físico". Essa ambigüidade a assustou e ficava um longo tempo diante do espelho, examinando-se e pensando o que iria acontecer. Achava que seria algo terrível: "Será que vão aparecer verrugas no meu nariz ou uma corcunda nas costas todo mês?".

Aos onze anos, acordou e viu seus lençóis manchados de sangue. Assustou-se, mas decidiu ignorar o fato, acabando por voltar da escola com as pernas e a saia manchadas de sangue. Dirigiu-se à mãe, gritando: "Mamãe, estou morrendo, estou morrendo, estou sangrando". A resposta da mãe foi apenas: "Você já é uma mulher".

A associação entre menstruação e morte também depende da experiência concreta de mudança representada pela menstruação e da noção de temporalidade à qual induz, devido a seu caráter periódico. Mas o próprio sangue é fonte de fantasias angustiantes em relação à doença e à morte, como já indiquei.

Deutsch menciona uma menina, protagonista de um romance, a quem perguntam pelas manchas de sangue encontradas numa cama e que responde: "É meu sangue". Na realidade, é o sangue de um rebelde ferido que ela ajudou a se ocultar e por quem está apaixonada.

"Depois de ter pronunciado essas palavras heróicas e feito esse sacrifício sem precedentes por seu amado, a menina é consumida pela vergonha. Sente que *o sangue a está inundando e que ela vai se afogar*" (Os itálicos são meus).

O significado do sangue aparece na história de Anne-Marie, de vinte e três anos, que E. Lemoine intitulou "A fábula do sangue". Lemoine entende por fábula o relato, fora do tempo, da história do sujeito: nesse caso, organizava-se em torno do tema do sangue. Lembremos o que acontece na iniciação feminina: os ritos não se explicam só pelo medo masculino do sangue feminino; a experiência fundamental é uma experiência *feminina*, cristalizada em torno do mistério do sangue, no qual se tocam as fontes mesmas da vida e da fecundidade.

Anne-Marie sofreu uma amenorréia de dois anos, a partir dos dezoito anos, acompanhada de constipação, assim como sua mãe na mesma idade. Além disso, observa-se que fala muito lentamente. Não "sai" nada, mas também não "entra" nada, já que é anoréxica. Lemoine relaciona esse caso com o de Blandine, outra jovem que padecia de anorexia e amenorréia, como sua mãe quando tinha a mesma idade.

O avô materno de Anne-Marie morreu de uma hemorragia cerebral e o pai, oficial da marinha, morreu igualmente de uma hemorragia cerebral: "estranha coincidência", diz Lemoine, que sugere igualmente que há um deslocamento para cima nos homens" (ver cap. IV).

"Um ano depois da morte do meu pai", explica Anne-Marie, "coloquei 'batom' nos lábios a conselho do médico e a menstruação reapareceu".

De maneira similar, Blandine relatara um sonho no qual jogava tênis e tinha algo vermelho em algum lugar: o vestido, a saia, a jaqueta...

Do mesmo modo, Anita, de treze anos, desenha uma menina com uma saia vermelha até os pés.

Anne-Marie sente um rancor tenaz contra sua mãe. Quando aparece em seus sonhos, está sempre morta ou louca.

Lembra que um tio materno jovem a aterrorizava deliciosamente fazendo-a brincar nas ondas do mar, apesar de sua fobia de água, notável numa família de marinheiros. Ela mesma nota que a água e o sangue aparecem em seus sonhos como ameaça de inundação.

Eis aqui um deles: "Uma menina de bicicleta; há uma corrida na montanha; ela cai, primeiro não há nada, depois de repente o sangue brota de todos os lados, com muita força; está coberta de sangue".

A amenorréia pode ser concebida como uma reação de medo; medo do sangue que corre, da inundação, do mar terrível, da onda que submerge, etc.

Marcela, que ficou viciada em romances policiais, me diz a respeito da capa de um deles: "Me dá nojo a capa desse livro. O sangue me dá nojo. Me lembra um assassinato" e associa: "Outro dia sonhei com o mar, estava com mais medo do que nunca, não podia nem olhar para ele". E em outra ocasião: "Ontem sonhei outra vez com o mar. Que horror! Que chatice! Não me dava medo, me dava horror. Só tinha o mar na minha frente. Ele se mexia, estava com ondas. É tão ridículo esse sonho. Me dá medo quando fica tudo preto de noite e quando há ondas. Penso em Alfonsina Storni, quando entrou no mar e se suicidou, que horror!". Desde pequena tem fobia de mar. Depois de falar sobre seu medo de aranhas, acrescenta: "perguntei para minha mãe o que acontecia com as meninas que eram violadas, se ficavam malucas".

Durante sua gravidez, Anne-Marie relata sonhos que expressam seu medo do parto como uma onda de sangue. Durante os dois anos de sua amenorréia, ela fizera o próprio signo da feminidade desaparecer. Para ela, a mulher é culpada; sua mãe roubou o marido de uma morta: casou-se com um viúvo. O castigo seria não ter filhos (lembremos que, em diversas tribos, esse era um dos castigos para quem não observasse os tabus da menstruação), mas quando ela fica grávida é tomada pelo pânico. A morte ameaça. Anne-Marie debate-se entre não ser mulher ou morrer no sangue, porque a mulher é culpada de roubo ou assassinato.

A fábula do sangue nos mostra que a menstruação, signo de feminidade, torna-se um significante da morte. O aterrador é o encontro com a mãe, como vemos nesse caso. A impossibilidade de se diferenciar dela, de se separar, é vivida como perigo de inundação.

Eu disse no começo deste capítulo que, ainda que não se organizem rituais em torno da menstruação, ela própria pode adquirir o valor de um rito. Pela significação do sangue, a menstruação pode passar a representar uma castração simbólica (ver cap. IX) e, como tal, ter uma função equivalente à iniciação.

Outras vezes, como vimos, dá lugar ao desenvolvimento de ritos que têm a ver com a morte e a ressurreição, como no caso dos índios guaranis do sul do Brasil, que costuravam a rede da menina, com ela dentro, deixando apenas uma pequena abertura para respirar. Deixavam-na envolta e amordaçada como um cadáver durante dois ou três dias, durante os quais ficava em jejum completo.

Podemos também encontrar ritos individuais muito similares aos citados, como ocorre no seguinte caso, relatado por Lemoine.

Uma mulher em análise, chamada Léthé, conta que, ao ficar menstruada pela primeira vez, teve a sensação de cair e efetivamente começou a cair: começou a ter vertigens que só desapareceram, parcialmente, com o conselho de uma tia que tivera o mesmo problema: dormindo. Desde então, "cai" de sono durante o dia a qualquer hora e em qualquer lugar. Deve se drogar para fugir do sono. Acabou iniciando uma análise para escapar dos remédios. "Cair completamente" é o sentido dessa *morte passageira.*

Capítulo VI

A tentativa de suicídio como rito de iniciação

"Um dos mitos mais comuns dos Kwakiutl é o que conta que um jovem, depois de ser censurado por seu pai ou por sua mãe, fica imóvel em sua casa durante quatro dias e depois tenta se suicidar no bosque. Pula em cachoeiras e precipícios, ou tenta se afogar nos lagos, mas é salvo da morte por um ser sobrenatural que fala com ele e lhe outorga poderes. Depois regressa para envergonhar seus pais com sua grandeza".

Ruth Benedict

Uma investigação acerca das tentativas de suicídio na adolescência nos permitiu reconhecer, tanto do ponto de vista teórico como do ponto de vista clínico, dois tipos de tentativa de suicídio claramente diferentes, em função de seu grau de risco[1].

Considerávamos a tentativa de suicídio na adolescência como uma atuação auto-agressiva, resultante do fracasso na elaboração do conflito edípico e especialmente das pulsões destrutivas.

Um dos tipos diferenciados de tentativa de suicídio, que chamamos "maligno", caracteriza-se por ser um ato impulsivo, de muito risco, relacionado com uma estrutura e um processo psicopatológicos que marcaram a personalidade prévia, sem fatores desencadeantes observáveis. Por outro lado, o outro tipo, que chamamos "benigno", apresenta-se como um ato compulsivo, de baixo risco, de características reativas diante de situações de mudança ou perda (brigas, separações, etc.) num contexto emocional depressivo.

No segundo grupo encontramos um conflito comum que o diferencia do primeiro, no qual a reação suicida tem significações mais variadas, que dependem da personalidade, história e patologia peculiares do

---

[1] O. FERNANDEZ MOUJAN R. ILEYASOFF, G. RUBART e S. TUBERT. Investigação realizada no Departamento de Psicopatología da Policlínica Dr. G. ARAOZ ALFARO. Lanús, província de Buenos Aires, entre 1968 e 1970.

sujeito. Esse núcleo comum pode ser sintetizado em traços gerais nestes conceitos: "no ato suicida concretiza-se a morte da própria identidade"; "é simultaneamente um autocastigo e um ato de vingança".

Também encontramos dois níveis de significação nesse tipo de tentativas de suicídio: num deles, a tentativa representa a ruptura do vínculo com a realidade e com os objetos externos e o retraimento para um mundo narcisista. No outro nível, a tentativa de suicídio aparece como um último recurso para estabelecer novos vínculos com a realidade, é uma "saída" na qual se procuram novos objetivos. A gravidade do ato suicida dependerá do predomínio de um ou outro desses aspectos.

No momento atual, penso que isso deveria ser reformulado. O primeiro nível corresponderia ao predomínio de uma estrutura imaginária (retraimento narcisista), na qual a ruptura mais importante é com o plano simbólico e não com o real; pelo contrário, o risco de morte será maior (mais "real") quanto mais capturado pelo imaginário o sujeito estiver. O segundo nível corresponderia, não à busca da "realidade" como tal (por outro lado, impossível de encontrar), mas mediada pelo universo simbólico. O ato destrutivo equivale, através da morte imaginária, a uma castração simbólica. Daí seu maior "valor simbólico".

É fácil reconhecer o paralelismo existente entre os ritos de iniciação que comentei num capítulo anterior e as tentativas de suicídio chamadas "benignas", tanto no que diz respeito à estrutura da cena dramatizada, como no que se refere à estrutura mítica simbólica.

Nesse sentido, poder-se-ia considerar a tentativa de suicídio do adolescente ocidental (refiro-me sempre à "benigna") como um equivalente do ritual de morte e ressurreição: assim como no ritual, há um momento de morte simbólica, de retraimento narcisista, de desconexão e isolamento e outro de reconexão com o mundo, experimentada como um renascimento.

As investigações realizadas em diversos países nos informam, a respeito do suicídio, que na idade da adolescência, na maioria dos casos, não se trata de suicídios efetivamente consumados, mas de tentativas que não alcançam seu fim manifesto.

A tentativa de suicídio, a meu ver, representa um ato mágico, tal como ocorre com o ritual de iniciação, com o qual o que se busca não é a morte (que, pelo contrário, pretende-se controlar), mas a sobrevivência. A ressurreição protege o jovem, em ambos os casos, contra a morte real, que é temida. Ao mesmo tempo, representa a castração simbólica, a limitação à posição narcisista infantil.

Esse tipo de tentativa de suicídio, estruturado como um ritual, deve ser diferenciado dos "malignos", que seriam um produto das personalidades "tanatofílicas", usando o termo de Marcel Assael[2], cuja vida está demarcada por tentativas suicidas, diretas ou encobertas como acidentes, que se realizam com outras características mais terríveis e arriscadas, como estrangulamento, asfixia, ingestão de alfinetes ou agulhas, saltos de lugares altos, etc e que culminam com a morte.

Gostaria de comentar alguns resultados dessa investigação, porque acredito que eles ilustram a equivalência que postulei entre tentativas de suicídio e ritos de iniciação. Deixarei de lado, por esse motivo, a análise da dinâmica da tentativa suicida, assim como a consideração de suas determinações sócio-econômicas e culturais.

A maioria das tentativas de suicídio malignas desenvolve-se na rua e na ausência de testemunhas, o que indica que não se está procurando um lugar onde resulte possível ser ajudado ou "resgatado". Pelo contrário, os benignos ocorrem, geralmente, na própria casa do sujeito ou em algum outro lugar onde seja possível ajudá-lo e na presença de testemunhas, na maioria das vezes familiares, o que assinala a busca de um "continente" e a orientação para algum sujeito significativo com o qual seria possível restabelecer contato.

Encontramos também uma diferença entre os grupos quanto ao valor simbólico da tentativa de suicídio.

A tentativa de suicídio benigna revela o conflito inconsciente simbolizado dramaticamente, com instrumentos menos perigosos e com características ambivalentes, já que na maioria dos casos trata-se de remédios, que em certas doses "curam" e em outras matam. Dizíamos que "isso assinala o valor simbólico da mensagem 'morte' como tentativa de 'renascer'".

A periculosidade dos instrumentos empregados nas tentativas de suicídio malignas indica a busca da morte como finalidade primordial que prevalece sobre outras significações: é menor a quantidade dos que se

---

2 MARCEL ASSAEL: "Thanatofilia", *American Journal of Psychoterapy.*

realizam com pílulas e maior os que se efetuam com armas ou jogando-se do alto ou debaixo de carros.

Esse valor simbólico é corroborado pela situação posterior à tentativa de suicídio: depois de realizada a tentativa maligna percebe-se um agravamento da tensão e a persistência do desejo suicida, enquanto que depois de uma tentativa benigna vemos que o sujeito "sente-se" como antes ou, no mínimo, experimenta certo alívio da tensão e, na maioria dos casos, chega a se arrepender do ato autodestrutivo, desaparecendo a intenção suicida.

Algo ocorreu, algo foi consumado que promove uma mudança na situação e nas perspectivas vitais do sujeito.

Numa das conclusões afirmávamos que: "A tentativa de suicídio benigna é uma expressão de um estado de crise no âmbito familiar, social e da identidade pessoal, e não só um produto da personalidade prévia, que mostra que antes da tentativa de suicídio existia um reconhecimento da realidade e certo manejo dos impulsos".

Ou seja, a tentativa de suicídio relaciona-se não só com a personalidade e a situação vital que atravessa quem a realiza, mas com toda a estrutura familiar e com a possibilidade que esta oferece ao sujeito de simbolizar as pulsões destrutivas. Percebemos que a família se caracteriza, nesses casos, pela indiferenciação e indiscriminação entre seus membros, o que, por sua vez, vincula-se com a ausência ou o fracasso da função paterna.

Há, então, na tentativa de suicídio, uma determinação estrutural, a falta de um lugar no qual o adolescente possa se definir e se reconhecer como sujeito, tanto na família como na sociedade.

Como sugeri ao me referir ao ritual, os adultos e, especialmente, os próprios pais do adolescente "exorcizam" através do rito de iniciação (e agora poderia acrescentar que o mesmo ocorre nos casos de tentativas de suicídio) a angústia de morte que eles mesmos experimentaram. A estrutura adolescente opera como significante por excelência das angústias e tensões geradas na família pelo crescimento do filho, com as correspondentes conotações de sexualidade e morte. Nesse sentido, considero que os pais também, e não só o adolescente, atravessam uma crise narcisista.

Ao estudar a estrutura e a problemática familiares, nesses casos, descobrimos que as famílias dos adolescentes que realizam uma tentativa de suicídio são incapazes de tolerar a expressão da agressão, porque não podem elaborá-la ou simbolizá-la, nem dentro do grupo familiar, nem fora dele. Essas deficiências na elaboração da agressão estão relacionadas com a estereotipia da estrutura familiar.

Isso está vinculado, por sua vez, como já disse, a uma falha no desempenho da função paterna (esquematicamente, discriminação que leva à possibilidade de constituir uma dimensão simbólica) e a um predomínio da função materna (união que leva ao fortalecimento da posição narcisista), o que conduz a um desequilíbrio na estrutura familiar.

Nesse tipo de família, lida-se com a agressão escolhendo uma vítima propiciatória que assume, nesses casos, a função de expressá-la, voltando-a contra si mesma, o que impede a desintegração do grupo, e pagando com a renúncia à própria identidade (a se situar como sujeito na estrutura).

Nesse contexto, a tentativa de suicídio pode ser compreendida, do ponto de vista do sujeito, como uma tentativa de romper essa relação indiferenciada com a mãe, da qual não é possível sair de outro modo (o que se mata é o duplo especular[3]). A tentativa de suicídio nos indica que a saída da posição narcisista significa uma morte (e assim é dramatizada), mas manter essa posição também significa morrer (morrer como sujeito, não advir como sujeito). É o que vimos, desenvolvido de outra maneira, no caso de Júlio e também no de Margarida.

Lucas, de 15 anos, costumava praticar cortes nos braços com pedaços de vidro ou outros objetos cortantes, que simbolizavam o "corte" com a mãe que não podia praticar de outra maneira. Reclamava gritando que queria mais independência, pedia a sua mãe que o "deixasse em paz", que não "ficasse no seu pé", mas, em outros momentos, ameaçava se matar e depois desaparecia de casa ou se trancava no banheiro, forçando a mãe a ir procurá-lo, a se preocupar e a estar pendente dele. Por outro lado, era óbvio que a mãe desempenhava de bom grado o papel complementar, tratando-o às vezes como se fosse um bebê. As fantasias incestuosas eram intensas em ambos; há anos que o pai não convivia com eles e Lucas era o único filho. Tanto suas tentativas de suicídio como os

[3] Ver cap. IX.

"cortes" tinham, assim, simultaneamente o significado de separação e reencontro com a mãe[4].

H. Jacobziner relata um caso de tentativa de suicídio onde se pode apreciar claramente a tentativa de se reunir com a mãe, diante da impossibilidade de suportar sua perda real. Uma paciente de treze anos tomou trinta aspirinas de cinco gramas. Ela estivera com os pais adotivos desde a morte de sua mãe, na sua primeira infância, até uns quatro meses antes da tentativa suicida. A entidade que se ocupava das crianças adotadas a tirou da casa adotiva e a colocou num grupo de meninas patrocinado pela mesma organização. A tentativa de suicídio aconteceu no *dia das mães*[5].

R. S. Lourie refere-se a uma superstição da província Bikar da Índia, segundo a qual os meninos se suicidam porque suas mães, quando estavam grávidas, caminharam sobre o túmulo de um suicida[6]. Acredito que isso alude à ausência do pai simbólico (ou ao abandono por parte do pai do lugar que lhe corresponde): a mãe, então, não olha para mais ninguém além do filho, impossibilitando sua diferenciação e autonomia, sua constituição como sujeito, através da ruptura da posição narcisista e sua inclusão na ordem simbólica.

A dependência de drogas, freqüente nessa idade, é um equivalente simbólico da tentativa de suicídio, na medida em que opera como autodestruição, como ritual de morte e ressurreição imaginárias. O que se pretende é conseguir um "corte", buscar uma "saída", mas de maneira tal que remete o sujeito novamente ao círculo fechado do narcisismo.

Lucas só conseguiu se separar de sua mãe mediante o estabelecimento de uma relação com uma menina de sua idade, que apresentava as características de uma relação especular. Tornaram-se amigos inseparáveis, ora ele morando na casa dela, ora ela na casa dele. Chegaram até a realizar as mesmas atividades, porque não toleravam a mínima separação. Lucas diz, por exemplo, que quando está sem ela acha que vai enlouquecer. Cada vez que brigam (tentativas de separação freqüentes e frustradas),

---

4 Minha filha Florencia, aos três anos, pronunciou uma frase que reflete claramente essa significação da morte como separação da mãe: "Se eu morrer não vou ter mamãe".

5 H. JACOBZINER: "Intentos de suicidio en adolescentes por envenenamiento", *American Journal of Psycotherapy*, vol. XIX, nº 2, 1965.

6 R. S. LOURIE: "El suicidio y el intento de suicidio en niños y adolescentes", *Symposium sobre Suicidio*, The George Washington University, 1965.

Lucas recorre à maconha ou ao álcool, tal como fizera no período em que inutilmente tentava se separar da mãe.

Lea Rivelis de Paz[7] analisa o caso de uma adolescente de catorze anos, Susana, que se viciou em anfetamina num momento de ruptura de sua posição narcisista.

Susana era uma jovem fisicamente atraente. Seu rendimento na escola estava em franca decadência e tinha dificuldades na relação com grupos extrafamiliares, incluindo o grupo escolar. Tinha dois irmãos de vinte e vinte e cinco anos.

Quando Susana tinha nove anos, seu pai morreu de repente num momento grave de crise econômica. Ele fora um homem obeso, ambicioso e especulador, cuja morte provocou uma queda da posição econômica elevada e ostensiva da família, que entrou num processo de dissolução.

Depois da morte do pai, os irmãos abandonaram os estudos e praticamente fugiram de casa, refugiando-se na "idade adulta" através do casamento, mas buscando no fundo manter na nova situação os laços infantis de dependência (um deles emigrando para uma comunidade que cuidaria dele e o outro se casando com uma moça pertencente a uma família rica que sustentaria o jovem casal).

A mãe iniciou estudos que pouco depois interrompeu, diversos trabalhos e relações amorosas confusas, com fracassos contínuos, tentando situar sua filha em organizações juvenis que lhe permitissem prescindir do vínculo estreito que mantinha com ela.

Susana estava viciada numa lista interminável de remédios, que incluía laxantes, digestivos, modificadores do metabolismo e anfetaminas. Utilizava estas últimas de forma constante e indiscriminada. Começara a ingeri-las dois anos antes, por causa de um tratamento para emagrecer.

A relação entre as perdas narcisistas e o vício exacerbou-se no momento em que seu segundo irmão se casou. Susana triplicou a ingestão de anfetaminas diante dessa nova perda que desorganizou completamente a família, como em situações anteriores.

Através da sensação de deformidade corporal e gordura excessiva, recriava especularmente a imagem da mãe grávida, que ao contê-la dentro de si não permitia a separação; e também a imagem do pai obeso que,

---

[7] L. R. PAZ: "Adolescencia: crisis de desimbiotización", in *Adolescencia*, A. Aberastury *et al.*, Ed. Kargieman, Buenos Aires, 1971.

ao estar representado imaginariamente por seu próprio corpo, não podia abandoná-la jamais, nem morrer.

Assim, por exemplo, dizia: "Sou obesa, tenho uma barriga enorme, as bochechas inchadas". As idéias de deformidade configuravam um verdadeiro delírio corporal: "Sou um barril. Meu peito mede oitenta quilômetros, os quadris deformados, engordei dois quilos de ontem para hoje".

Ao mesmo tempo, considero que as drogas representavam para ela uma forma de morte que tornava possível a separação da mãe, mas, na medida em que isso supunha simultaneamente a possibilidade de união com o pai morto, a paciente recorrera a um tipo de droga (anfetamina) que lhe permitia negar a morte. Dessa maneira, mantinha-se num "limbo" no qual não estava nem viva nem morta e conjurava, ao mesmo tempo, os perigos supostos pelas duas situações, tal como ocorria no caso, anteriormente citado, de Margarida.

Mas ainda que num nível a adição representasse a tentativa de se desprender tanto da mãe como do pai morto, em outro nível, ela mesma revelava o retorno à fusão com ambos, mantendo sua posição narcisista e colocando-a numa encruzilhada mortífera.

Capítulo VII
Angústia de morte e crise narcisista

"Como podemos estar a salvo daquilo que jamais desaparece?".

Heráclito

A partir do que expus até agora, depreende-se que a adolescência se caracteriza por uma crise narcisista, que é acompanhada de todos os perigos de regressão e de desequilíbrio que estão entranhados no narcisismo. No adolescente, os traços narcisistas que descrevera Freud[1] passam para um primeiro plano:

1. Retraimento da libido, que se aparta das pessoas e coisas do mundo exterior, orientando-se para o próprio eu. De fato, o desprendimento das figuras parentais conduz o adolescente a se voltar sobre si mesmo até poder se orientar para novos objetos. Assim (limitando-nos ao plano manifesto), Irma, de dezesseis anos, relata que lhe é insuportável permanecer em casa e tenta se afastar dela o máximo possível: simultaneamente, deixa de ser uma criatura sociável, com numerosos amigos e variadas atividades grupais, para se isolar repentinamente, se sentindo "sozinha" mesmo quando se encontra na companhia de jovens de sua idade.

Eis aqui alguns exemplos dessa atitude, tomados da literatura:

"Mamãe também não compreende, meu Deus, tenho tanto espírito. Que encantadora é Natacha!... – continuou falando de si mesma em terceira pessoa e colocando essa exclamação na boca de um personagem masculino, que lhe conferia todas as perfeições de seu sexo. Ela tem tudo

[1] S. FREUD: "Introducción al narcisismo", *Obras Completas*, Biblioteca Nueva, Madri, 1948.

de bom. É inteligente e gentil, bonita e habilidosa. Nada, monta admiravelmente a cavalo e canta de forma encantadora. Sim, é possível dizer que de forma encantadora...

Naquela manhã voltara a esse amor por si mesma, a essa admiração por sua própria pessoa que constituía seu estado de ânimo habitual. Que encanto Natacha tem – dizia, fazendo um terceiro personagem coletivo e masculino falar. É jovem e linda, tem uma linda voz e não incomoda ninguém; deixem-na em paz de uma vez por todas!".

(Leon Tolstoi: *Guerra e paz*)

"Na sala de jantar, no resplendor vacilante da luz da lareira, Beryl tocava guitarra, sentada sobre uma almofada. Tocava para si mesma, cantava a meia voz e se observava. O resplendor do fogo refletia-se sobre seus sapatos, sobre o ventre rubicundo da guitarra e sobre seus dedos brancos...

Se estivesse do lado de fora e olhasse pela janela, eu me assombraria bastante de me ver assim, pensava. Tocou o acompanhamento com surdina; já não cantava, apenas escutava.

A primeira vez que te vi, pequena, oh, acreditavas estar muito só! Estavas sentada sobre uma almofada, apoiada sobre teus pequenos pés e tocavas guitarra. Meu Deus! Nunca poderei esquecer isso..., Beryl levantou a cabeça e começou a cantar:

Até a lua está cansada

Mas alguém bateu com força na porta e o rosto carmesim da empregada... Não, não suportaria essa menina boba. Fugiu para a sala escura e começou a percorrê-la de um lado para outro. Oh, estava agitada, agitada. A campânula da chaminé acabava num espelho. Apoiou os braços e olhou sua pálida imagem. Que linda ela era! Mas não havia ninguém para admirá-la, ninguém... Beryl sorriu e seu sorriso era verdadeiramente tão adorável que sorriu de novo...".

(Katherine Mansfield: *Prelúdio*)

"Algumas vezes, na escola, deixo de prestar atenção no que o professor está falando e viajo para o país dos sonhos. Então, fico tão mergulhada em deliciosas quimeras que perco completamente a noção da realidade. Fico presa na carteira e quando acordo fico estupefata ao me encontrar entre quatro paredes".

"Gosto muito mais de delirar do que de fazer versos, esboçar mentalmente contos bonitos, contos sem pé nem cabeça ou inventar uma lenda, enquanto olho as montanhas no resplendor das estrelas. É muito mais bonito porque é mais vago e deixa uma impressão de descanso, de frescura".

(Textos de adolescentes citados por Debesse[2])

2. Delírio de grandeza, no qual se repetem características da vida anímica infantil: "uma hipervalorização do poder de seus desejos e atos psíquicos, uma onipotência das idéias, uma fé na força mágica das palavras e uma técnica contra o mundo externo, a "magia", que aparece como uma aplicação que resulta de tais premissas megalomaníacas"[3]. Os exemplos citados também ilustram esse aspecto.

Freud propõe, como forma de aproximação ao problema do narcisismo, a observação da doença orgânica, do sonho e da hipocondria; e sabemos que no adolescente encontram-se habitualmente certo grau de transtornos orgânicos, preocupações hipocondríacas e uma alteração do ritmo do sono, transtornos que aumentam, por certo, nos estados psicopatológicos juvenis. Todos esses elementos servem como indicadores da posição narcisista da adolescência.

Santiago, de dezesseis anos, ilustra com suas palavras as fantasias megalômanas das quais fala Freud:

"Estou em contato com um grupo de gente que faz uma revista literária; eu analiso o sentido da poesia dos surrealistas; às vezes me sinto onipotente por poder fazer isso, tenho medo de eu mesmo me achar um gênio.

Eu também escrevo poesia, meu propósito é conseguir o que os surrealistas não puderam fazer. Eles fizeram a proposta mas foram superficiais, eu quero me aprofundar mais nessa linha, ir além de onde eles chegaram".

Vejamos outro testemunho, proveniente de uma cultura diferente da nossa:

"Depois de um tempo, passei da infância para outra etapa... Descobri que tinham falado com a minha mãe, antes de eu nascer, que ela daria

---

[2] M. DEBESSE: *La crisis de la originalidad juvenil*, Ed. Nova, Buenos Aires, 1955.

[3] S. FREUD: op. cit..

à luz uma pessoa extraordinária e, desse momento em diante, senti que eu devia ser uma pessoa fora do comum"[4].

M. Debesse cita também estes fragmentos autobiográficos:

"A independência que eu acreditava ter adquirido era o único sentimento que me afetava. Livre e dono de mim mesmo, acreditava poder fazer tudo, conseguir tudo".

(J. J. Rosseau: *Confissões*)

"Meu único tesouro, depois do amor, era a independência. Desde a minha puberdade rendera a ela um culto selvagem... Bastava que um pensamento fosse extraordinário, que se chocasse com o senso comum, para que imediatamente me considerasse um gênio".

(A. de Musset: *Confissões de um filho do século*)

"Eu gostaria de um destino que ninguém teve nem terá".

(Diário de um adolescente)

3. Um passo a mais seria o que vai da intervenção à regressão, a uma estagnação da libido que, como diz Freud, "relaciona-se com os fenômenos da hipocondria e da parafrenia".

O fracasso do delírio de grandeza, que se produz como conseqüência da confrontação entre o eu e seu ideal, determina sua substituição pela depressão. Isso é o que nos ensina, de fato, a psicopatologia do adolescente, que se move entre os pólos da esquizofrenia e da depressão. Mesmo assim, encontramos no adolescente "normal" fenômenos de despersonalização, estranhamento, fantasias de fim do mundo e os estados depressivos que constituem um lugar comum da imagem generalizada do adolescente.

Santiago descreve assim sua vivência de despersonalização:

"Três pássaros voam no nada. O nada é o céu. O nada está cheio de nuvens brancas. E os três pássaros tentam buscar uma abertura azul clara para poder entrar no céu, que é azul. Cada vez fica mais e mais nublado. E os pássaros se separam sem perceber nada, sem perceber que agora se separam. Eles se perdem e se transformam em nada".

---

[4] Encontramos, entre os australianos, uma tradição segundo a qual as mulheres teriam possuído inicialmente todos os segredos do culto e todos os objetos sagrados, que os homens lhes roubaram posteriormente.

Aqui temos um relato intenso da queda da onipotência:

"Era uma andorinha grande, muito grande. Queria chegar até o sol e pensava que isso era fácil. Os pássaros menores diziam que não, mas ela, teimosa, quis chegar. Muitos outros pássaros tentaram imitar a andorinha e todos eles, guiados por uma ilusão, perderam outra, talvez a mais bonita, a de viver".

(Lúcia, catorze anos)

A resolução dessa crise narcisista produz-se através do reencontro com o Outro, quer dizer, o outro como sujeito simbolizado e portanto diferente de si mesmo, com cuja imagem a libido vai se conectar novamente.

A opção é manter-se fechado no auto-erotismo, fazendo-se rejeitar, ou renunciar à auto-satisfação (e à completude narcisista), reconhecendo o desejo dos outros. O que se perde no plano da satisfação imediata e do desejo (castração) ganha-se no plano simbólico do encontro. O outro deve ser reconhecido como símbolo (como objeto do desejo), para vir a aceitar encontrá-lo em vez de tê-lo, renunciando a possuir o outro como objeto. Ao passar para o plano simbólico do intercâmbio, anula-se o circuito fechado do narcisismo e não só o outro, mas ele mesmo encarna-se como símbolo.

Freud diz, ao responder à questão de por que a vida anímica é forçada a ultrapassar as fronteiras do narcisismo e investir de libido os objetos externos: "Um intenso egoísmo protege contra a doença; mas, finalmente, recomeçaremos a amar para não adoecer e adoeceremos na medida em que uma proibição interna ou externa nos impeça de amar"[5].

Ainda que não seja minha finalidade tratar do problema da psicopatologia, quero assinalar o peso que têm em sua gênese, como o indica Freud, as proibições sócio-culturais que recaem sobre o adolescente, precisamente no momento de seu florescimento genital. Acredito que tais proibições podem ser consideradas como um verdadeiro "rito de iniciação", com efeitos provavelmente patogênicos, na medida em que ultrapassam os tabus básicos que constituem o ser humano (lembremos a quantidade e variedade de tabus, e inclusive de danos, que caracterizam

[5] S. FREUD, op. cit..

tais ritos), na medida em que compõem um conjunto simbólico associado a uma ideologia dominante.

A posição narcisista do adolescente reflete-se no tipo de eleição objetal que efetua, no qual o objeto erótico é escolhido conforme sua própria imagem.

Sob a aparência do outro, o sujeito procura-se a si mesmo como objeto erótico, amando, como assinala Freud, o que é, o que foi ou o que queria ser. Isso corresponde, em primeiro lugar, à eleição objetal homossexual própria da adolescência, que pode se manifestar através de relações homossexuais consumadas ou bem através de sua sublimação na amizade: trata-se do "amigo íntimo" que é constituído numa projeção do eu ideal do sujeito[6].

Essa passagem pela homossexualidade facilita a mudança de objeto, separando tanto o homem como a mulher de sua própria mãe, ao permitir-lhe a identificação com alguém semelhante a si próprio. Mas a eleição homossexual nos indica, simultaneamente, a dificuldade para se desprender do vínculo com a mãe, o conflito com ela e o desejo de se liberar desse vínculo.

Vejamos um exemplo, tomado do "Diário de Anna Frank":

"Quando vim para cá, aos catorze anos, comecei a pensar sobre mim mesma antes do que a maioria das meninas e a saber que sou uma 'pessoa'. Algumas vezes, quando estou deitada na minha cama à noite, sinto um desejo terrível de tocar meus seios e sentir a batida rítmica do meu coração.

Eu já tinha esse tipo de sentimentos inconscientemente antes de vir para cá, porque lembro que, uma vez quando dormi com uma amiga, senti um enorme desejo de beijá-la, e o fiz. Não pude evitar de sentir uma terrível curiosidade pelo seu corpo, porque ela sempre o ocultara.

Perguntei-lhe se, como prova de nossa amizade, podíamos tocar os seios uma da outra, mas ela não aceitou. Sinto um êxtase cada vez que vejo a imagem nua de uma mulher, como Vênus, por exemplo. Parece-me tão linda e delicada que me é difícil controlar as lágrimas que me escorrem pelo rosto".

Nesse relato, vemos também que a exploração do próprio corpo e a do outro são uma coisa só, formam parte de uma mesma curiosidade e

---

[6] Ver cap. VIII.

de um mesmo desejo. O outro é o substrato da própria imagem especular, idealizada, completa e perfeita.

René Vivien escreve, em "A hora das mãos juntas":

"Nossos corpos são para os seus um espelho fraterno.
Nossos beijos lunares têm pálidas doçuras.
Nossos dedos nem sequer roçam a penugem de seu rosto.
E quando o abraço se desfaz podemos
Ser amantes e irmãs ao mesmo tempo".

Na transição para a eleição objetal heterossexual, H. Deutsch descreve, no caso da mulher, uma situação triangular na qual está em jogo a bissexualidade. "A jovem ainda oscila entre os objetos homossexuais e heterossexuais e nesse caso a virada da heterossexualidade só se completa gradualmente"[7].

Ela menciona, como exemplo do triângulo no qual um irmão de uma das jovens ocupa um dos ângulos, o que aparece em *Guerra e paz* de Tolstoi. Natacha tenta conseguir que seu irmão se apaixone por sua amiga Sônia:

"Você sabe que Sônia é minha amiga mais querida. Por *essa* amiga, queimei meu braço, olhe só". Levantou a manga da musselina e mostrou-lhe uma escara vermelha em seu longo e delicado braço. "Queimei-me para demonstrar-lhe meu amor por ela. Esquentei uma régua no fogo e apliquei-a no braço... Somos tão amigas, tão amigas... E ela me ama e você deve fazer o mesmo por ela".

Natacha gosta muito de seu irmão e mistura os sentimentos que experimenta em relação a ele e em relação a Sônia. Como terceiro elemento na relação amorosa, como mediadora, pode reter tanto seu irmão como sua amiga, participando de sua felicidade, no lugar de se submeter a uma dolorosa renúncia.

Quando ocorre a eleição heterossexual do parceiro, ela "mostra aquela singular hipervalorização sexual cuja origem está talvez no narcisismo primitivo da criança e que corresponde, portanto, a uma transferência do mesmo para o objeto sexual"[8].

O resultado é a idealização exagerada do parceiro, que não permite reconhecê-lo como um "outro" diferente de si mesmo, como um outro

---

[7] H. DEUTSCH: *La psicología de la mujer*, Losada, Buenos Aires, 1973.

[8] S. FREUD, op. cit..

simbólico, e que nos remete novamente ao eu ideal do sujeito, na medida em que persiste como outro imaginário, que não é nada além do próprio eu realizado no nível imaginário.

A ruptura narcisista refere-se nesse aspecto à perda da bissexualidade imaginária: o aspecto feminino próprio para o homem e o aspecto masculino próprio para a mulher recuperam-se de novo imaginariamente na relação com o outro, que aparece assim como um "duplo" do sujeito. É conveniente esclarecer que ao falar de aspectos "masculinos" e "femininos" estou me referindo àquilo que completaria imaginariamente o sujeito, obturando a castração suposta por sua realidade monossexuada. Essas categorias podem se configurar na base dos modelos que a cultura impõe, no seio das relações intersubjetivas nas quais o sujeito se constitui como "homem" ou "mulher", mas o que importa nesse contexto é que se trata daquilo que restituiria a plenitude narcisista.

No seguinte exemplo, podemos ver a negação da diferença sexual, implicada na negação da sexualidade em sua totalidade, e o funcionamento dos membros do parceiro como metades, aparecendo cada um como duplo do outro, inclusive com o mesmo nome.

Trata-se do desenho de um casal realizado por Alicia, de dezesseis anos:

Texto: "João e Joaninha são um casal comum, e estão muito alienados e entediados mas não têm outra coisa para fazer além de continuar como sempre. Não são felizes mas apesar de tudo se sentem satisfeitos porque não conhecem outra coisa além de viver sempre do mesmo jeito".

Observemos também a negação de toda possibilidade de mudança.

Eu estabelecera antes que essa outra metade, que aparece representada pelo outro sexo, corresponde, ao mesmo tempo, ao eu ideal. A respeito disso, Freud considera que a condição do recalque é a construção, por parte do eu, de um ideal com o qual compara seu eu atual. Penso que esse processo é um dos aspectos centrais da adolescência.

Freud diz: "A esse eu ideal consagra-se o amor ególatra, do qual o eu verdadeiro era objeto na infância. O narcisismo aparece deslocado para esse novo eu ideal, adornado, como o infantil, de todas as perfeições"... "Não quer renunciar à perfeição de sua infância e, já que não pode mantê-la diante dos ensinamentos recebidos durante seu desenvolvimento e diante do despertar de seu próprio juízo, tenta conquistá-la de novo na forma do eu ideal. Aquilo que ele projeta diante de si como seu ideal é a substituição do narcisismo perdido de sua infância, em que ele mesmo era seu próprio ideal"[9].

No capítulo V, citei as palavras de Betty, uma paciente de Peter Blos, que ilustram a expressão fantasiada da posição bissexual e que apresentam a manutenção da bissexualidade através de um interjogo entre o eu atual e o eu ideal[10].

"Um homem e uma mulher, mas essa silhueta não é masculina, parecem duas mulheres. Se fossem um homem e uma mulher, a mulher deve ser uma mulher bonita, delicada e frágil, jovem, tímida, loira, é

---

[9] S. FREUD, op. cit..

[10] FREUD emprega os termos ideal do eu e eu ideal, delimitando assim duas funções diferentes. FREUD assinala que o narcisismo aparece deslocado para esse novo *eu ideal* que se encontra dotado, como o infantil, de todas as perfeições. Na medida em que não pode manter a perfeição da infância, tenta conquistá-la na forma nova de seu *ideal do eu.*

O eu ideal corresponde a um ideal de onipotência narcisista. Para LACAN, é uma formação narcisista que pertence ao registro do imaginário e se origina no estádio do espelho.

O ideal do eu está vinculado com a instância do supereu; é aquilo que compara o eu atual com o eu ideal. Para LACAN pertence ao registro do simbólico, já que suas exigências se situam no conjunto das exigências da lei.

certo que é loira, magra, doce. Acho que está duvidando se deve se entregar à outra pessoa. Há uma aproximação entre duas pessoas. A outra figura me faz duvidar, não parece muito masculina. Instiga a outra para que a outra reaja, desista, se entregue. É uma figura mais dura, por isso pensei num homem. Sua cara me faz pensar que está atento à outra, mas parece um pouco violento. Se fossem duas mulheres, ela seria a mais forte. Ela fere a outra. São duas amigas. Tenta ser compreensiva. Não entendo bem a relação".

(Esther, dezesseis anos)

Esses relatos alternativos refletem incerteza e dúvidas, na medida em que quem os formula se encontra numa posição bissexual imaginária.

A consciência moral seria a encarregada de "velar pela satisfação narcisista no eu ideal" e para isso vigia constantemente o eu atual e o compara com o ideal. A autocrítica coincide com a auto-observação na qual se baseia; segundo Freud, é a mesma atividade psíquica que serve para a introspecção e a formação de sistemas especulativos. Ainda que Freud assinale que eles caracterizam a paranóia, podemos acrescentar que estão indicando também o caráter do pensamento na adolescência.

Do mesmo modo, compreende-se a intensificação da autopercepção na adolescência ao reconhecer, com Freud, a íntima relação que ela tem com a libido narcisista. Para afirmá-lo, Freud se baseia em dois fatos fundamentais:

1. A autopercepção aparece aumentada nas parafrenias e debilitada nas neuroses de transferência.

2. Não ser amado diminui a autopercepção, na medida em que o fato de ser amado a incrementa.

Freud indica, além disso, que as fontes da autopercepção são três, a saber:

1. Uma parte deriva do narcisismo infantil.

2. Outra parte provém da onipotência confirmada pela experiência (quer dizer, do cumprimento do ideal).

3. A última parte procede da satisfação da libido objetal.

A ruptura narcisista, o fracasso da onipotência e a mudança objetal que ocorrem na adolescência explicam toda a problemática do adolescente com respeito à autopercepção, que pode se expressar como uma intensa angústia e/ou através de diferentes tipos de distorções da imagem de si mesmo. (Lembremos os casos extremos de delírio corporal que citei).

Como Freud diz, a evolução do eu consiste num distanciamento do narcisismo primário e cria ao mesmo tempo uma intensa tendência a regressar ao mesmo: a crise narcisista do adolescente consiste nessa tensão entre ambas as tendências, que se traduz nas consabidas "oscilações", progressões e regressões tão características desse momento da vida.

No núcleo dessa crise narcisista está a representação com a morte tal como a enfoquei nos capítulos precedentes. Freud assim o sugere: "O ponto mais espinhoso do sistema narcisista, a *imortalidade do eu*, tão duramente negada pela realidade, conquista sua afirmação refugiando-se na criança" (o itálico é meu)[11].

É essa imortalidade que se pretende afirmar através dos "delírios de grandeza" e das fantasias onipotentes e mágicas. E é a impossibilidade de continuar afirmando-a, sob pena de adoecer (lembremos o começo precoce da esquizofrenia), o que leva ao reconhecimento da morte, com o conseguinte sofrimento narcisista, que freqüentemente dá lugar a depressões.

Assim, a confrontação com a sexualidade (renúncia à bissexualidade e questionamento do próprio sexo) e a confrontação com a morte (renúncia à imortalidade) produzem-se de uma só vez.

Como eu já sugerira, essa crise narcisista afeta também os pais. Freud observa que "o amor parental, tão comovedor e tão infantil, no fundo não é nada além de uma ressurreição do narcisismo dos pais, que revela evidentemente sua antiga natureza na sua transformação em amor objetal"[12].

Eles também protegeram sua própria crença na imortalidade, confinando-a em seu filho. Como assinala G. Raimbault, o adulto nega o saber da criança acerca da morte, do mesmo modo que nega seu saber sobre a sexualidade. Vivemos e desejamos dentro dos limites estabelecidos por nossa identidade sexual e por nossa mortalidade. Se não assumimos totalmente nossa existência como algo que só se dá dentro desses limites, pagaremos isso com inibições e sintomas alienadores; se a recusamos completamente, nos encontraremos diante da loucura. O adulto esqueceu a criança que foi; é tentador imaginar a criança como outro eu que vive e deseja sem limites, que não está submetido ao sexo nem à

---

[11] S. FREUD, op. cit..

[12] S. FREUD, op. cit..

morte, que é feliz. Diz Raimbault: "Uma criança, em algum lugar, é ignorante, inocente, no Paraíso que abandonamos"[13]. E isso nos consola daquela perda.

A angústia de morte não está vinculada ao desaparecimento, à redução a nada, mas ao questionamento da posição narcisista. Morrer é angustiante porque nos imaginamos assistindo como sujeitos ao nosso próprio desaparecimento. Mas não há sujeito da morte, enquanto existe um sujeito da dor, da agonia, da passagem.

Precisamente, a adolescência de um filho, enquanto passagem, impõe aos pais o reconhecimento da inexorabilidade da passagem do tempo e da morte, tal como é imposto ao próprio adolescente. Desse modo, descobre-se e entra em crise, ao mesmo tempo, um verdadeiro mito familiar, que se refere à impossibilidade da morte, isto é, uma estrutura imaginária que permite a integridade da família e inclusive pode se transformar em sua razão de ser: preservar-nos da angústia que deriva dos limites de nossa existência.

Serge Leclaire diz que a prática psicanalítica funda-se na revelação da operação constante de uma força de morte, que consiste precisamente em matar o menino maravilhoso ou apavorante que dá testemunha, de geração em geração, dos sonhos e desejos dos pais. Só podemos viver pagando o preço de matar a imagem primordial na qual se inscreveu nosso nascimento. Essa morte é tão necessária como impossível, já que não podemos viver, desejar, criar, se não matamos a "criança maravilhosa" que constantemente volta a renascer[14].

Assim, tornamo-nos prisioneiros de um paradoxo: renunciar a essa imagem primordial é perder as razões para viver, mas aferrar-nos a ela supõe sermos condenados a não viver.

A criança que cada um deve matar simboliza o luto que é preciso fazer e refazer continuamente, por uma representação de plenitude; acredito que a estrutura adolescente representa o momento culminante desse luto, a confrontação por excelência com esse paradoxo vital.

Lacan chama de *primeira morte* aquela pela qual devemos transitar desde o momento em que nascemos, que vivemos a cada dia, a morte da

---

[13] G. RAIMBAULT: *El niño y la muerte*, Saltés, Madri, 1981.

[14] S. LECLAIRE: *On tue un enfant*, Seuil, Paris, 1975.

criança maravilhosa ou apavorante que fomos na fantasia de quem nos fez ou viu nascer. A estrutura adolescente é a que enfrenta, a meu ver, essa necessidade de matar simbolicamente não só os pais, mas também a representação tirânica da criança-rainha. Nesse ponto, o indivíduo começa a se assumir como sujeito, limitado desde já pela segunda morte, a morte real, "sobre a qual não há nada a dizer"[15].

A criança maravilhosa evoca uma *representação narcisista primária*; só na medida em que comecemos a matá-la, começaremos a "falar", a desejar. Essa representação narcisista primária (correspondente ao narcisismo primário de Freud) é indelével, como todo representante inconsciente. Tão imperativa como impossível, nossa tarefa comum é empenhar-nos para "matar a criança", sustentar a destruição necessária da representação narcisista primária.

Sempre há no desejo dos pais algum luto não elaborado – ainda que sejam apenas, como diz Leclaire, suas próprias fantasias sobre uma criança – e sua paternidade sustentará sempre aquilo a que tiveram que renunciar.

O trabalho analítico, para Leclaire, tem como objetivo elucidar todas as elaborações secundárias que, no curso de nossa vida, recobriram a necessidade de matar a criança que há em nós (a representação narcisista primária)[16] e particularmente colocar em evidência tudo o que nossos próprios filhos tiveram que suportar como produto da negação ou da realização de nossa própria morte narcisista.

Nesse sentido, o trabalho analítico com adolescentes pode assumir a significação de um verdadeiro "processo de iniciação" (morte da criança), numa sociedade que não pratica ritos de passagem no sentido pleno do termo, ainda que, como vimos, possa ter alguns equivalentes dos mesmos. Essa iniciação pode ocorrer na medida em que o analista se revele como o mediador da função simbólica. O próprio analista torna-se o símbolo da personalidade em processo de elaboração do adolescente, uma vez que o duplo narcisista deixe espaço para o Outro do diálogo.

---

[15] S. LECLAIRE, op. cit..

[16] No capítulo I me referi também à impossibilidade de acabar com nossa infância.

Capítulo VIII
A partilha e o duplo

"Aceitar a sombra é, assim, renunciar à beleza e aceitar, junto com a mudança e a morte, a sexualidade".

E. Lemoine-Luccioni

Freud assinalou que "a dissociação de grupos psíquicos é, por assim dizer, um processo normal no desenvolvimento dos adolescentes e não deve parecer estranho que sua incorporação ulterior ao eu constitua um momento, freqüentemente aproveitado, de perturbações psíquicas"[1]. Acredito que a esse mesmo processo se referem, com uma precisão maior, os conceitos de "partilha imaginária" e "partilha simbólica", desenvolvidos por E. Lemoine-Luccioni em seu trabalho sobre a mulher[2].

Lemoine diferencia os conceitos de *divisão* e *participação*. A divisão se refere à cisão (*spaltung*) primordial do sujeito. Ela se produz num momento original mítico da constituição do sujeito, separando aquilo que ele não é (renegação). Posteriormente, reproduz-se de um modo imaginário em função de diversas *separações* reais que determinam, na mulher, um regime psíquico de *partilha*[3].

Sua tese é a de que a mulher passa da "partilha imaginária" à castração simbólica mediante um processo de identificação, mas essa identificação só ocorre se um processo de simbolização especificamente femini-

---

[1] S. FREUD: "La histeria", *Obras Completas*, Biblioteca Nueva, Madri, 1948.

[2] E. LEMOINE-LUCCIONI: *Partage des femmes*, Editions du Seuil, Paris, 1976.

[3] Lemoine empregou dois vocábulos franceses, que traduzi indistintamente por "partilha": trata-se de *partage* e *partition*. Essa autora joga com a etimologia da palavra *partage*, que significa "parto", enquanto que *partition* corresponde ao emprego psicanalítico do termo.

no, que opera a partir do estádio do espelho, intervier. A partilha pode se manter no plano imaginário, referindo-se ao corpo vivido como "despedaçado" no parto, por exemplo, mas também pode se colocar no plano simbólico, quando a castração simbólica permite o encontro com o outro como tal, por exemplo, com a criança *real*, que é sempre diferente da *esperada*.

Lemoine considera que há uma série de evidências que permitem definir o imaginário feminino seguindo essa linha da partilha: ela tem dois órgãos sexuais diferentes, a vagina e o clitóris, e é do mesmo sexo que a mãe que a concebe. Esse regime *duplo* manifesta-se especificamente na gravidez e no parto; a mulher que se transforma em mãe não é mais uma, mas duas.

Os acontecimentos fundamentais da fisiologia feminina são a menstruação, também chamada de *perda*, e depois o parto: separação da parte dela mesma que a completara imaginariamente durante a gravidez. Trata-se de divisão em todos os acontecimentos, em todas as perdas da vida de uma mulher. Essas perdas circunscrevem um fenômeno de partilha imaginária como regime especificamente feminino.

A mulher vive com medo de perder uma parte de si mesma; essa parte não é assimilável ao medo do homem de perder o pênis, perda que normalmente jamais se produz e que se refere a um órgão particular que é o sexual. Na mulher, trata-se de perdas *reais* vividas imaginariamente como perdas de partes de si mesma enquanto *uma* (enquanto unidade).

Na relação sexual, a detumescência e retirada do pênis representam e resumem todas as perdas femininas e marcam-nas retroativamente com o signo do sexo. Passa, assim, da perda real de uma metade imaginária à perda imaginária de um órgão (que não fez parte dela) que se superpõe às partes perdidas. Assim, pode aceder à castração simbólica, vinculada à eleição objetal.

Mais tarde, no momento do parto, a privação real de uma parte de si mesma se transformará em frustração imaginária, revivendo a antiga perda daquela outra parte de si mesma, a mãe, a partir de um todo fantasiado.

Em seguida, por identificação com o homem, a mulher imagina a falta do pênis (enquanto que ele não falta, realmente, no homem) e simboliza assim a carência que lhe impõem todos os fenômenos da partilha.

Passa, assim, da perda imaginária de uma metade dela mesma à perda, igualmente imaginária, do órgão sexual viril e depois à perda simbolizável de um órgão sexual, qualquer um e não somente o pênis, que se transforma no significante da partilha simbólica.

Se expus esses desenvolvimentos de Lemoine, foi porque acredito que, na adolescência, produz-se um processo que tem características muito similares ao que ela descreve, ainda que eu não esteja totalmente de acordo com suas apreciações a respeito do desenvolvimento feminino.

Por exemplo, a partilha imaginária correspondente à perda real da mãe a partir de um todo fantasiado é, a meu ver, experimentada em ambos os sexos e Lemoine não esclarece por que se produziria somente no caso da mulher e não do homem. O conceito de narcisismo supõe que o reconhecimento do outro como símbolo implica uma partilha, na medida em que há uma parte imaginária de si mesmo à qual se renuncia; mas acredito que esse processo se desenvolve na adolescência em ambos os sexos, em relação à assunção da diferença sexual.

Nos capítulos precedentes, coloquei o acento no tema da morte na adolescência, como a outra face indissociável de seu florescimento sexual, devido ao fato de que acredito que a angústia do adolescente não se refere *somente* ao conflito edípico e ao medo da castração, mas deriva igualmente dos fenômenos de *partilha* que experimenta como conseqüência daquele conflito: trata-se da perda imaginária de uma parte de si mesmo, vivida como uma metade, que pode aparecer significada pela castração como perda do órgão fálico por excelência, mas que, no fundo, consiste num verdadeiro *desdobramento*. O que está em jogo, além dos órgãos sexuais e indissociável deles, é a própria existência.

Essa partilha imaginária é provavelmente o que conduz a um recuo narcisista, que então não tem um caráter patológico mas reparador, na medida em que perder sua "metade" é equivalente a perder a si mesmo em sua metade imaginária.

As mudanças que sofreu em seu corpo colocam em crise a identidade do adolescente: perdeu-se como idêntico a si mesmo. Assim, Santiago diz:

"É uma praia, de dia, o sol está forte demais e não deixa ver quem está tomando sol. O sol tirou os rostos deles e os rostos deles são sombras. O vento apaga e quebra os rostos. E há dois turistas na praia que estão tirando fotos deles. Não tiram fotos deles, tiram dos rostos, que estão deformados na areia pelo vento. E começa uma tempestade e agora os turistas tiram fotos da tempestade. E ao ver que a tempestade é de neve tiram fotos dos que estavam tomando sol. E agora eles têm rosto de novo e os turistas tiram fotos deles com os rostos. Através da tempestade eles recuperaram os rostos. Quando a neve cai, forma de novo seus rostos, recebendo o frio da tempestade". (Lembremos das cerimônias iniciáticas que comportam uma mudança de máscara e de nome).

O insuportável de constatar as modificações de sua própria imagem reside em que, quando ela se transforma em outra diferente, não consegue mais se reconhecer nela, com o perigo consecutivo de deixar de "ser", ao mesmo tempo que deixa de ser o que era. Vejamos outro texto de Santiago:

"Um homem sai de um quarto. Vai para uma praia e deixa uma porta aberta. No quarto há um espelho que se você se olha não pode se ver. O homem fica parado na escada e dá a volta e vai subir de novo. O espelho começa a funcionar de novo. A sombra do homem que descia pelas escadas ficou do lado de fora e ao entrar o homem se transformou em luz da praia".

Mas as mudanças estão referidas fundamentalmente à sexualidade: a ruptura da imagem especular o obriga a aceitar simultaneamente, como assinalei, a mudança, a morte e a sexualidade.

"Há um homem em pé olhando um incêndio, não mexe um dedo para nada, para apagar o incêndio. Ele podia ser o incêndio, porque o incêndio forma a mesma forma dele. E atrás do homem tem alguma coisa que parece um urso comendo uma mulher. O que parecia um incêndio é uma briga numa manifestação. O homem olha a manifestação sem participar dela; ele é a manifestação. O homem está em pé em cima de um cachorro morto. E do lado do cachorro morto há dois casais fazendo amor. O céu está nublado. Tudo o que estava em volta do homem transforma-se num céu nublado".

Essa narração de Santiago mostra a morte e a sexualidade numa imagem única.

A modificação massiva da imagem especular coloca em crise a imagem narcisista, imutável e atemporal da infância. Assim, a onipotência é seguida do perigo de aniquilação:

"Solidão está triste porque Tristeza está sozinha. Depois de terem visto a explosão da bomba, ficaram sozinhos, tristes, angustiados. Sentem-se perseguidos pelo estouro que constantemente ressoa nos seus ouvidos. Depois de continuar assim por muito tempo, eles desaparecerão, se transformarão em nada. Mas suas lágrimas cairão sobre a terra e nesse pedacinho de terra, regado pelas gotas salgadas, uma árvore crescerá".

A esse texto de Ana, de quinze anos, corresponde a seguinte ilustração:

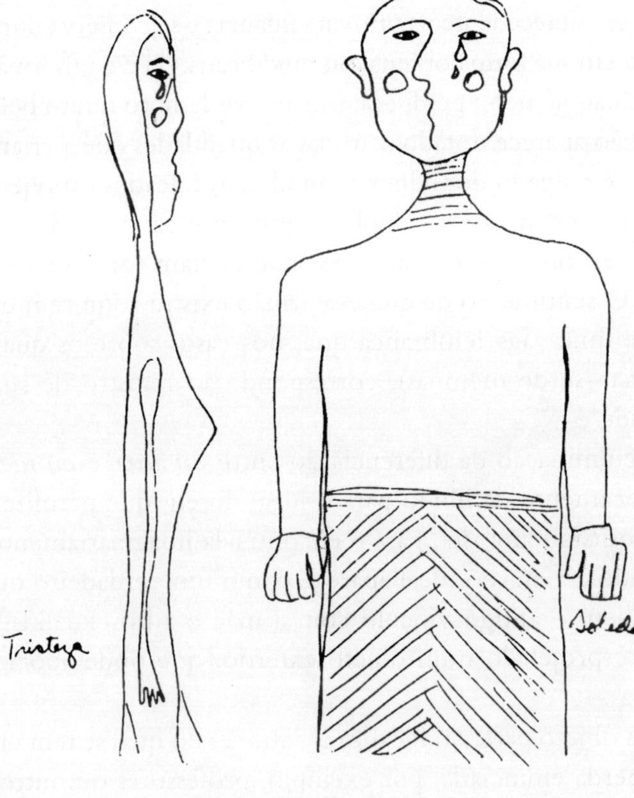

Acredito que essa partilha imaginária tem três níveis de significação:

1. A ruptura do vínculo com *a mãe*, que foi suporte da posição narcisista do sujeito em sua infância, na medida em que constituía com ela um todo auto-suficiente, ocupando o lugar do objeto de seu desejo. Esse desprendimento é promovido pelo ressurgimento do complexo

edípico, num momento em que sua periculosidade está marcada pelo fato de que já é possível consumá-lo efetivamente.

2. A perda da *bissexualidade* imaginária, quer dizer, a perda do outro sexo, negado taxativamente por sua realidade biológica. Essa perda é vivida, por um lado, como castração e, por outro, como partilha, uma vez que é necessário renunciar à outra metade possível, ou que foi possível, imaginariamente, na infância.

H. Deutsch fala de uma fantasia típica da puberdade, na qual a criança desempenha alternativamente papéis masculinos e femininos. Essa fantasia tem um antecedente na primeira infância e se conserva durante muitos anos, seja em sua forma original ou modificada: "Tive um irmão (muitas vezes, um irmão gêmeo); perdi esse irmão, mas lembro muito bem dele".

O irmão aparece dotado de todas as qualidades que a criança gostaria de ter ou é culpado de todos os impulsos recalcados ou rejeitados por ela. Em muitas crianças, esse duplo adquire um caráter real ao qual eles dão um nome, conversam com ele e se comportam como se ele realmente existisse. O sentimento de que esse irmão existiu adquire muitas vezes o caráter de uma vaga lembrança que, nos casos sobre os quais fala H. Deutsch (trata-se de meninas), corresponde ao registro de sua própria masculinidade[4].

3. A culminação da diferenciação entre *eu atual* e *eu ideal*, mediante o deslocamento da libido para o ideal do eu, que permite o afastamento da posição narcisista, para reencontrá-la imaginariamente no ideal. Mas na adolescência o ideal aparece como um verdadeiro duplo, que assume também o antigo vínculo com a mãe e a bissexualidade, e que geralmente é projetado num objeto externo, que pode adotar diversas características:

a. Um objeto parental idealizado, através do qual se tenta recuperar a primeira perda enunciada, por exemplo, professores ou outros adultos significativos de seu ambiente. Marguerite Evard, em sua obra *L'adolescente*, cita essas cartas, escritas por meninas dessa idade:

"Estou de cama, resfriada, e só consigo pensar na senhora X. Nunca na minha vida gostei tanto de uma professora. No primeiro ano já gostava muito dela, mas agora é um verdadeiro amor".

---

[4] H. DEUTSCH: *La psicología de la mujer*, Losada, Buenos Aires, 1973.

"Ao seu lado, minha querida professora, fico num estado indescritível... Quando não a vejo, daria qualquer coisa para encontrá-la e penso em você a cada instante. Se a vejo, meus olhos se enchem de lágrimas e quero me esconder, de tão inferior e ignorante que me sinto comparada a você. Quando você fala comigo, fico confundida e emocionada e acho que estou escutando a voz doce de uma fada e um zumbido de coisas agradáveis, impossíveis de traduzir; fico espiando cada gesto seu, já não sei do que se fala e sussurro algumas besteiras: você deve admitir, querida professora, que é algo bastante confuso e a única coisa que sei com toda clareza é que amo você de todo meu coração".

b. Um "amigo íntimo" do mesmo sexo. Assim, Schiller, em sua juventude, escreve uma carta na qual rompe com seu amigo:

"Aquele que eu amara tanto só existia no meu coração. Deus, no céu, sabe somente como nasceu; mas só existia no meu coração. Você era apenas o reflexo interior da imagem que eu adorava. Ao seu lado, eu me dilatava... Oh! uma amizade como a nossa devia ter durado eternamente".

(Citado por M. Debesse)

O amigo ocupa o lugar da imagem especular; corresponde ao desdobramento da relação narcisista com a própria imagem. É o que descreve com vivacidade um verso de Renée Vivien (A hora das mãos juntas), que já citei antes:

"Nossos corpos são para os seus um espelho fraterno".

c. Mais tarde, pode se apresentar na forma de um companheiro heterossexual, através do qual se procura recuperar a bissexualidade perdida.

Ana Maria, de catorze anos, angustiada por suas fantasias bissexuais e pelo medo da homossexualidade, precipita-se numa relação com um menino dois anos mais velho que ela, que considera dotado de todas as perfeições imagináveis. Poucos meses depois a relação fracassa e Ana Maria explica assim seu fracasso: "Eu era muito egoísta, não conseguia ver as coisas em função dos outros, perceber que o casal não era uma coisa só minha, mas de *outra pessoa também*. É difícil para mim me importar com o que acontece com os outros".

O duplo pode ser representado, em muitos casos, pelo "diário íntimo", que é como um amigo para o adolescente, um confidente, que ele considera como se fosse uma pessoa. Debesse cita este texto de J. de Lacretelle (*La vie inquiète de J. Hermelin*):

"Este caderno que está diante de mim é meu eu, que obriguei a se liberar. É como se estivesse na presença de uma fera misteriosa, que não posso dominar e que não sei a que ordens obedece".

Em todos os casos, o que se ama, segundo a fórmula de Freud, é "aquilo que possui a perfeição que falta ao eu para chegar ao ideal"[5]. Ama-se, na verdade, uma imagem de si mesmo: o eu ideal está constituído "por outro" e, quanto mais valioso ele for, mais valioso o próprio eu irá se considerar, porque ao se sentir amado pelo ídolo, pelo ideal, ele próprio se considera como ideal.

A partir do narcisismo, a criança deve se liberar das identificações impostas pelos pais (o primeiro ideal assume os desejos dos pais), para os quais cumpriu inicialmente uma função de espelho, participando desse modo na organização narcisista parental. Isto é, através do conflito, diferencia-se da matriz inicial de confusão com os pais; ela deve destruir essas identificações para se resgatar. Assim, a identidade não resulta meramente da "síntese" ou integração das identificações infantis, como a maioria dos autores que trataram do tema sustenta; além de integração, implica destruição e negação das mesmas. A identidade estabelece-se basicamente sobre a separação e a partilha. Isso implica que só tem sentido falar de identidade se concebida como um processo inacabado através do qual permanentemente deixamos de ser o que éramos para chegar a ser o que não fomos.

Otto Rank assinala a relação entre o narcisismo e o tema do duplo, que no material mitológico que estudou apresenta o significado de espírito e de morte[6].

Nos textos literários, o tema de Narciso aparece unido ao problema da morte. Diz Rank: "Ao lado do temor e do ódio ao duplo, o amor narcisista à própria imagem e ao eu aparece em forma muito notável em *Dorian Gray*, de Oscar Wilde.

'O sentimento de sua própria beleza surgiu nele como uma revelação, diante da primeira visão de seu retrato, enquanto contemplava a

---

[5] S. FREUD: "Introducción al narcisismo", *Obras Completas*, Biblioteca Nueva, Madri, 1948.

[6] O.RANK: *O duplo*, Ediciones Orión, Buenos Aires, 1976.

sombra de seu próprio encanto'. Ao mesmo tempo, apodera-se dele o temor de envelhecer e ficar diferente, um temor estreitamente ligado à idéia da morte: 'Quando descobrir que estou envelhecendo, eu me matarei'.

Dorian, caracterizado de maneira direta como Narciso, ama sua própria imagem e, portanto, seu próprio corpo: 'Certa vez, num arremedo juvenil de Narciso, beijou... esses lábios pintados que agora sorriam com tanta crueldade. Durante várias manhãs, permaneceu sentado diante do retrato, assombrado com sua beleza, quase apaixonado por ele, como às vezes achava que estava'. 'Freqüentemente... ele mesmo corria escada acima até o quarto fechado... e ficava de pé, com um espelho, diante do retrato... contemplando ora o rosto maligno e envelhecido da tela ora o belo rosto juvenil, que do vidro polido devolvia-lhe um sorriso...'"[7].

Em *O convite para a valsa* de Rosamond Lehman, observa-se que Olívia descobre uma figura desconhecida num espelho:

"Há algum tempo, uma emoção particular acompanhava o minuto em que ela se olhava assim, dos pés à cabeça; de maneira imprevista e estranha, ela via diante de si uma estranha, um ser novo.

A cena se repetira duas ou três vezes. Olhava-se num espelho, via-se. Mas o que acontecia?... O que via hoje era algo completamente diferente; um rosto misterioso, sombrio e radiante ao mesmo tempo; uma cabeleira transbordante de movimentos e de força, como se estivesse sendo atravessada por uma corrente elétrica. Seu corpo – por causa do vestido – dava-lhe a impressão de se agrupar harmoniosamente, centrar-se, expandir-se, dúctil e estável ao mesmo tempo: vivo. Na sua frente, como num retrato, via uma jovem de rosa que todos os objetos do quarto, refletidos no espelho, pareciam enquadrar e apresentar, murmurando: é você...".

Mas, assinala Rank, essa atitude erótica em relação ao próprio eu só é possível porque, junto com ela, os sentimentos defensivos podem ser descarregados através do duplo temido e odiado. "Narciso é ambivalente para com o eu, porque há algo nele que parece resistir ao amor exclusivo a si próprio", diz Rank.

A defesa contra o narcisismo expressa-se no medo e na rejeição da própria imagem, como no caso de Dorian Gray, ou na perda da imagem especular. Mas, na realidade, essa perda é só, como demonstram as idéias

7 O. RANK, op. cit..

persecutórias, um fortalecimento que revela o interesse intenso pelo próprio eu: trata-se, de fato, do retorno do recalcado.

O sintoma mais destacado das formas que o duplo adota, segundo Rank, é uma poderosa consciência de culpa que obriga o sujeito a não assumir a responsabilidade por certas ações, mas a atribuí-las a outro eu, um duplo, que é a personificação dos desejos que foram sentidos como inaceitáveis. Essa consciência de culpa reflete a distância entre o eu ideal e o eu real e é alimentada pelo temor da morte, criando por sua vez tendências para o autocastigo e até para o suicídio.

O desejo de ser jovem eternamente revela a relação entre o temor da morte e a posição narcisista. A atitude suicida, paradoxalmente, representa a busca da morte de forma voluntária, para se liberar do pânico diante da mesma, tal como vimos ao falar das tentativas suicidas do adolescente. É o que nos dizem também as palavras que Debesse cita do diário de um adolescente: "Saber morrer é triunfar sobre a morte".

O duplo encarna o passado e ao mesmo tempo representa o eu *imortal*; a idéia da morte nega-se mediante uma duplicação do eu, incorporado à imagem que ele reflete.

Judy, a menina analisada por Peter Blos, que citei no capítulo I, relatou uma fantasia da primeira infância que persistiu até a adolescência: "éramos quadrigêmeos (na verdade, eram trigêmeos, dois meninos e Judy), dois meninos e duas meninas, uma menina morreu ao nascer e eu fiquei sozinha". A busca de ser completa, íntegra, persistiu como uma busca da irmã perdida. Ao mesmo tempo, a irmã imaginária arca com a morte, permitindo que Judy se sinta imortal.

O "duplo" do adolescente, produto da divisão tripla que postulei, constitui o verdadeiro objeto do adolescente, funcionando como um "objeto transicional"[8] e, portanto, como princípio organizador.

Como vimos, distingue-se o duplo na imagem especular, no reflexo do próprio corpo. A perda do corpo luminoso da infância confronta o adolescente com a "sombra" do corpo, com sua escuridão. É um corpo que pode ser vivido como denso, pesado, ou como vazio; trata-se do jogo do "cheio" e do "vazio"[9].

---

[8] D. WINNICOTT: *Realidad y juego*, Amorrortu, Buenos Aires.

[9] E. LEMOINE considera esse jogo como centro do imaginário feminino; acredito que é um aspecto-chave na estrutura adolescente. Muitos jovens descrevem com vivacidade seus sentimentos de vazio ou de repleção que ameaça com o "estouro".

Todo o corpo é o referente do processo de simbolização e o fracasso da simbolização traduz-se, como E. Lemoine assinala apropriadamente, não em fenômenos de impotência (sexual ou de outro tipo), mas em fenômenos de fragmentação ou de despersonalização, que são característicos da psicopatologia adolescente, na qual se reproduzem as fantasias referentes ao "corpo despedaçado", em relação à ruptura narcisista.

É interessante comparar esses fenômenos com algumas lendas indianas que descrevem o seguinte procedimento de iniciação: o mestre de iniciação matou os jovens, lavou suas entranhas "ao modo das lavadeiras", pendurou suas peles nos ramos de uma árvore e depois os ressuscitou. Num rito indotibetano, o noviço oferece aos demônios sua própria carne. Pela força de sua meditação, o noviço faz surgir uma deusa, com um sabre na mão, que o decapita e o despedaça; em seguida, os demônios e as feras selvagens precipitam-se sobre suas carnes e as devoram.

Outra meditação consiste em se despojar na imaginação de suas carnes e se ver como um esqueleto, branco e luminoso. M. Eliade afirma que essa experiência do despedaçamento do corpo permite compreender a vacuidade de toda experiência póstuma, para se liberar do medo no momento da morte. Ao mesmo tempo, podemos acrescentar, reflete o mundo imaginário do adolescente.

Eis aqui o desenho realizado por Santiago, de dezesseis anos:

Texto: "João nasceu há vinte e cinco anos, era um pequeno embrião, nessa idade tinha que dormir sob as unhas de seus pés quando tinha frio e beber a água suja de uma poça quando tinha sede.

Nunca havia gostado do trabalho mas sempre gostou da manhã e João nunca disse nada coerente enquanto seu cérebro pensava.

João viajava todos os dias às custas de Carlos.

Voavam juntos e se encontravam no céu.

Ninguém; nenhum dos dois demonstrou sua inteligência a ninguém.

João tinha os dias contados na sua roupa porque seu cérebro não pensava mais e estava sempre no mesmo lugar.

E nesse lugar ia se desfazendo cada vez mais... acabava num vazio.

João preferia ir embora para o nada em vez de não perceber que seu cérebro não podia pensar.

Carlos tinha uma longa vida de cento e cinqüenta anos já e vivia pensando em como poder pensar cada vez melhor.

Nenhum dos dois conhecia nada além de seus rostos.

Carlos era um espírito saído do nada (da matéria cinza).

Numa das viagens voaram muito alto e começaram a falar coisas coerentes e falando; foi uma surpresa para João que Carlos fosse sua mente e sua matéria cinza".

Trata-se de um desdobramento que, como ocorre com freqüência na adolescência, é representado fundamentalmente pela dissociação mente-corpo. Mas a partilha traz em si evidentemente o perigo da dissolução da identidade. O sentimento de vazio ameaça desintegrar o corpo, que supõe mortalidade, na medida em que o duplo (Carlos) é um espírito pensante, onipotente e imortal. Surge finalmente a possibilidade de reunião de ambos os aspectos dissociados.

O desenho mostra também a partilha-duplicação do personagem; não aparece um outro diferenciado e constituído como tal. Ambos se encontram no espaço sideral e fora do tempo (notem-se as confusões a respeito das idades dos personagens). Não há limites claros entre um corpo e outro.

Nas palavras de Santiago, "o corpo é como uma máquina, o instrumental; o cérebro é como uma casa, com muitos quartos, uma mansão; dirige tudo, dá ordens, como algo mágico; nele se ocultam sombras em miniatura. Há algo que é visto de fora, quando nos olhamos todos os dias no espelho. E o de dentro que não se vê, as sombras".

Lucas, que já citei no capítulo anterior, relata que sente a necessidade de se olhar muito tempo no espelho, durante uma ou duas horas, tentando controlar se alguma mudança se produz na sua imagem: "fico esperando que a imagem do espelho se 'anime' e diga alguma coisa, que se mexa por conta própria, mas me dá muito medo que isso possa acontecer. Ao me olhar no espelho falo com o diabo, chamo por ele, peço coisas, como uma gravadora, como no filme 'Um fantasma no paraíso'. Acho que se isso provocasse alguma mudança eu me transformaria no diabo, ele entraria no meu corpo, como num exorcismo. Faço a barba todos os dias porque me incomoda que apareçam 'pêlos pretos'. Mas não me penteio, porque não sei como meu rosto vai ficar quando me pentear, porque todos os dias percebo alguma diferença".

Vemos claramente, nesse exemplo, como o desdobramento supõe uma tentativa de proteção (desprender-se do "diabo", vendo-o do lado de fora), mas logo se transforma numa ameaça. O duplo é tanto um produto da despersonalização, como uma tentativa de se defender dela. Observe-se a angústia de despersonalização experimentada diante de qualquer mudança.

Já vimos que o duplo constitui uma defesa narcisista, na medida em que supõe uma resistência à ameaça contra a própria existência (a morte) e uma resistência à dissolução no amor sexual. Mas no fenômeno da defesa repete-se a ameaça da qual o indivíduo quer se proteger: "o duplo, que encarna o amor narcisista a si próprio, torna-se um rival inequívoco no amor sexual[10]; ou então, criado originalmente como um desejo de defesa contra uma temível destruição eterna, reaparece na superstição como o mensageiro da morte"[11].

O mito do duplo aparece dramatizado no rito do espelho (Santiago, Lucas), que, por outro lado, é signo patognomônico da esquizofrenia, estado de cisão por excelência, que costuma iniciar-se na adolescência.

---

[10] RANK refere-se aqui ao tratamento literário do tema do duplo, mas o duplo também se torna rival na medida em que, sendo o objeto do adolescente, cria obstáculos para outro tipo de eleição objetal.

[11] O. RANK, op. cit..

Nada melhor do que estas palavras de uma menina para expressar vivamente a fantasia do duplo:

"É de noite. Vejo varandas com um teto e banquinhos, para os namorados. Este homem está andando. É um parque, aqui vejo uma montanha, muito pequena. Está cada vez mais escuro, há mais obstáculos. Mas ele decide que vai chegar; chega e há alguém (silêncio). A sombra dele (silêncio). Está passando mal, se gosta de estar acompanhado, não é por sua sombra, se gosta da solidão, se sente perseguido pela sombra dele".

(Lúcia, catorze anos)

Diante da busca de "alguém", de um objeto de amor (banquinhos para os *namorados*) para se constituir como sujeito, encontra-se com seu duplo, sua própria sombra, que revela os dois aspectos assinalados por Rank: assegurador da sobrevivência e mensageiro sinistro da morte, uma vez que tem características persecutórias. Lúcia era quem dizia que "todos têm uma sombra, isto é, todos vão morrer" (Texto citado no capítulo III).

E. Lemoine descreve admiravelmente o encontro com a "sombra" num dos três aspectos que assinalei como constituindo o duplo do adolescente, como produto da partilha, no "primeiro despertar" da puberdade feminina:

"Produz-se, com o aparecimento da menstruação, algo como uma passagem brusca para o estado de mulher. A menina não é mais o reflexo da mãe; não é mais *como* a mãe. Bruscamente é a mãe que passa a ser *como* a menina, uma mulher; uma *mulher* real. Sente-a pela primeira vez na sua realidade de mulher, muito próxima de sua carne, submetida às mesmas leis orgânicas. A menina conhece então sua mãe, que se transforma em intocável. É um fato geral de observação clínica e de observação ordinária também:

'De repente numa tarde em que fazíamos nosso passeio habitual, não pude andar de braços dados com ela...'.

'Ao voltar da pensão não pude lhe dar um beijo e depois disso nunca mais a beijei'..."[12].

Resumindo, na puberdade, as relações familiares ficam marcadas pelo signo da sexualidade edípica, agora com possibilidades reais de colocá-la em prática, o que impõe o desprendimento de que falei e a busca de

---

[12] E. LEMOINE, op. cit..

novos objetos. E. Lemoine sugere que, quando faltam as "rendições", "a paixão narcisista mantém a adolescente num clima suicida, muitas vezes desconhecido, e até negado pelos que a cercam, mas que jamais está ausente na adolescente".

Trata-se da estagnação da libido da qual Freud fala; não há objeto porque não há imagem, a própria imagem especular se rompeu e torna-se necessário reconstruí-la. Em outro contexto, Brigitte Chardin fala de "crise depressiva por carência simbólica"[13]; acredito que esse conceito é adequado para descrever a depressão que vem depois da crise narcisista.

Para chegar ao real mediante a separação, é necessário que o menino e a menina aceitem seu corpo real monossexuado e seu desejo do outro. A fantasia de recuperar a unidade perdida através do parceiro e com ela a imortalidade é, na verdade, mortífera. É necessário o reconhecimento do Outro para organizar o mundo e advir como sujeito. A passagem da partilha para a separação coincide com a passagem do imaginário para o simbólico, fazendo a experiência do desejo do Outro.

A respeito do "clima suicida" em que *a* adolescente vive, é interessante assinalar que a maioria das tentativas de suicídio "benignas" dá-se em mulheres. Esse achado da investigação que expus no capítulo VI é corroborado pela experiência de outros autores.

No Departamento de Adolescentes Mulheres da Divisão Psiquiátrica do Bellevue Hospital, uma de cada três meninas é internada por tentativa de suicídio. Na sala dos meninos, pelo contrário, a proporção é aproximadamente de uma tentativa de suicídio para cada quinze internações[14].

Julien Bigras e seus colaboradores evidenciaram que a proporção de tentativas suicidas é o dobro em mulheres adolescentes relativamente aos homens[15].

Esses autores estudaram vinte e um casos de tentativas de suicídio de meninas de catorze a dezesseis anos. Em nenhum caso seria possível falar de uma clara identificação feminina; pelo contrário, em todos os casos havia uma rejeição clara de seu próprio sexo.

---

13 Citada por E. LEMOINE, op. cit..

14 R. E. GOULD: "Problemas de suicidio en niños y adolescentes", *American Journal of Psychoterapy*, vol. XIX, nº 2, 1965.

15 J. BIGRAS *et al.*: *Sobre las enfermedades depresivas en la niñez.*

Um grupo manifestava uma desilusão consciente pelo fato de serem mulheres e a convicção de que teria sido melhor para elas serem homens. O outro grupo mostrava um narcisismo marcante (isoladas, fechadas em si mesmas), sem encontrar nenhuma maneira, nem feminina nem masculina, de conseguir serem valorizadas.

Num caso, trata-se da intolerância da castração, com o reconhecimento "do que perderam"; no outro, da persistência da bissexualidade imaginária própria do narcisismo.

Bigras assinala que essas meninas tinham uma imagem do pai como um ser fraco, ineficaz e irresponsável, dominado pela mãe, fantasiando a existência de um pai ideal perto do qual poderiam se refugiar (eu acrescentaria: que lhe permitisse a separação efetiva com relação à mãe).

O ato suicida corresponderia a uma consciência aguda da privação paterna ou, pelo menos, à impossibilidade de se relacionar com um pai ideal, forte e bom (cujo reconhecimento permitisse a formação de seu ideal do eu).

Essas meninas recriminavam suas mães por terem uma atitude dominadora, de rejeição e às vezes destrutiva. A persistência na bissexualidade aparecia também como uma máscara diante da rejeição materna.

Um dos casos relatados nesse trabalho é o de Lucie R., cuja tentativa de suicídio produziu-se quando sua mãe quis que ela se separasse de um rapaz de vinte anos. Lucie estava constantemente ocupada com sonhos diurnos, imaginando que estava num castelo onde dominava todo mundo, particularmente seu namorado, que ela admirava e amava com toda sua força e determinação (evidentemente, cumpria as funções de seu ideal do eu, o que ela desejaria ter sido).

Lucie matava sua mãe na imaginação; já falei da tentativa de suicídio como tentativa de se separar da mãe.

Esses autores concebem o ato suicida como uma das muitas possibilidades abertas ao adolescente em sua busca de uma solução para um conflito, que pode estar tanto em relação ao pai como à mãe (situação depressiva resultante da privação materna).

Mas acredito que nenhum ato suicida pode se referir exclusivamente à perturbação na relação com o pai *ou* com a mãe, mas deriva sempre da estruturação particular do conflito edípico e do acesso impossível a um universo simbólico, indissociável daquela.

Como vimos, isso está vinculado à possibilidade de superar a crise narcisista e de renunciar à bissexualidade imaginária, sendo constituído um ideal do eu que, inicialmente projetado num objeto externo que cumpre o papel de um duplo (eu ideal), pode ser enfim assumido simbolicamente pelo sujeito.

"Este é um homem num dia nublado, com neblina, de noite. Está no porto e quer se suicidar, quer se jogar na água. E se joga. A figura branca é o espírito ou a alma que vai embora, que se desprende dele. Isso vai contra mim mesma, porque eu não acredito no espírito ou na alma".

(Adriana, quinze anos)

Para além de suas crenças racionais, Adriana nos fala do "espírito" como significante do duplo, produto da partilha que sofre ao se confrontar com a perda de sua masculinidade imaginária e de seu corpo infantil. Esse duplo é, reiterando, quem dá conta da morte, mas também quem ameaça de morte.

Para concluir, relatarei um caso interessante que ilustra vários dos aspectos desenvolvidos[16].

Trata-se de duas irmãs gêmeas, Marta e Susana, de doze anos. Os pais trazem Marta ao consultório porque apresenta, há vários meses, intensas cefaléias, acompanhadas de agitação, dificuldade respiratória e tonteiras; os estudos clínicos não assinalam nenhuma causa orgânica que justifique o quadro. O primeiro episódio desse tipo coincidiu com a menarca de *Susana.* Marta ainda não ficou menstruada e mostra-se preocupada com isso.

A paciente apresenta enurese noturna primária, tem medo de noite, prefere dormir na mesma cama que a irmã; compartira a cama com ela até dois anos atrás. Não apresenta problemas escolares, apesar de ter repetido a primeira série por causa de ligeiros problemas na pronúncia; na realidade, quem tinha dificuldades mais pronunciadas era Susana, mas repetiram ano juntas para não se separarem.

A mãe afirma que Marta parece considerar sua irmã como uma prolongação de si mesma; tende a dominá-la, assim como outras meninas com quem se relaciona.

Aos oito meses, Susana teve um processo de desidratação, pelo qual teve que ser internada durante alguns dias; Marta teve, ao mesmo

---

[16] Devo este material à Dra. Carmen María Ferrer.

tempo, um princípio de desidratação do qual se recuperou facilmente. As duas sofreram paralelamente as mesmas doenças, inclusive foram operadas de adenóides ao mesmo tempo.

Quando fala de suas cefaléias, Marta as descreve, nos mais mínimos detalhes, como acessos críticos, entre os quais destaca acontecimentos associados e a "dor" fica relegada a último termo. Fala espontaneamente de sua relação com a irmã; precisa estar sempre junto dela, "para defender Susana, porque as meninas mexem com ela e ela não se importa, mas eu sim"...; quer impor seu critério à irmã, fica angustiada de pensar que Susana possa ser independente e que não a leve em consideração, que possa pensar de maneira diferente.

A menina faz muito poucas referências a seu irmão, de catorze anos, e a seus pais. Ela acusa o pai de não a compreender, de acreditar que ela inventa tudo o que lhe acontece. O pai, por sua vez, acredita que Marta tenta dominar todo mundo, utilizando para isso qualquer recurso: suas crises de "nervos", sua dor de cabeça, seus medos. Ele não consente isso e algumas vezes chegou a bater nela, enquanto que a mãe responde mais às exigências de Marta.

Marta diz que sente que "uma pessoa que é morena, que é homem, veste um casaco verde e calças azuis e de noite leva uma faca na mão" está sempre com ela, por isso quer dormir com sua irmã, mas teme que, em vez de matá-la, mate sua irmã. Prefere sua morte à morte de alguém de sua família.

A sintomatologia histérico-fóbica que Marta apresenta costuma ser vista com certa freqüência em meninas dessa idade, configurando-se como um quadro reativo à aparição da menarca. O que esse caso tem de particular é que o quadro se apresenta como reação à menarca *da irmã*. Isso é compreensível se lembramos que, ao longo de toda a sua história de vida, essas meninas viveram completamente indiferenciadas, como duas metades de um mesmo ser. Marta é precisamente a que mais evidencia a dificuldade de se diferenciar de sua irmã e de se separar dela; considera-a seu duplo e nisso está em jogo a problemática da bissexualidade e da angústia de castração e de morte.

Se a irmã é mulher por já ter a menarca, será que isso significa que Marta não o é? Lembremos que ela desempenhou um papel predominantemente "masculino" a respeito de Susana: dominá-la, protegê-la, etc. Ou então, na medida em que se diferencia corporalmente de Susana no nível simbólico, sua menarca é vivida como própria, ou como anúncio da própria: perigo de castração. Diante do perigo de separação representado pela menarca da irmã como "marca" que as diferencia, surge a imagem do "homem que a acompanha" como duplo que ajuda a relevar o duplo perdido.

Neste desenho, Marta expõe duas imagens exatamente iguais, quer dizer, uma mesma imagem duplicada:

Tenta se diferenciar da irmã, as duas imagens separadas deixarão de conformar uma unidade para dar lugar a duas unidades que não podem estar no mesmo lugar, com o conseguinte perigo de que alguma delas deva morrer: qual delas? Se for a irmã, Marta se sentirá assassina e culpada; do contrário, perderá a vida.

Marta diz: "Às vezes sinto vontade de me suicidar... Acho que sou de outro planeta... É como um quebra-cabeça e eu sou uma peça que está sobrando...".

Transcreverei algumas das histórias que Marta relata como resposta às pranchas do Teste de Symonds, uma vez que nelas aparecem claramente suas fantasias em relação à problemática da sexualidade e da morte, que ilustram, através da lente de aumento da histeria, os temas centrais da puberdade.

Prancha I: "Num dia de inverno, um menino estava saindo da sua casa, ia dar uma volta, estava triste porque tinha brigado com sua mãe de noite, ela tinha saído para trabalhar e ele não tinha pedido desculpas. Quando estava no parque, uns vizinhos foram procurar por ele porque sua mãe tinha sofrido um acidente e estava no hospital. Quando se encontrou com ela, pediu desculpas e a mãe ficou mais contente, pois como não tinha pai... Tinham que cortar uma perna dela, o menino estava triste e a mãe também. O médico disse que não ia doer e que poderia ter uma vida normal andando de muletas. O menino estava triste. Quando acordou da anestesia, a mãe começou a andar e colocaram nela uma perna de plástico que disfarçava muito. Ficaram mais contentes e os dois foram para casa".

Prancha III: "Um homem velho que se drogava, fumava muito, ofereceu um cigarro a um menino, mas tinha droga, o menino fumou o cigarro sem saber nada, mas notou um sabor estranho e o homem disse que era de um país estranho. O homem levou o menino para sua casa e matou sua namorada, para fazer o menino sofrer, e colocaram a culpa nele e nem seus pais acreditavam que ele não tinha feito aquilo. No corpo da menina havia uma bala, debaixo da cama do menino encontraram uma pistola que o homem colocou lá. O menino como não lembrava de nada não sabia se ele tinha feito aquilo ou não. O homem do bar, que tinha escutado tudo e visto como ele tinha sido drogado, contou tudo, colocaram o homem na cadeia e o menino procurou outra namorada e se casou. Ele quis drogar o menino porque era um homem triste, estava sozinho e queria fazer alguém sofrer. Ele tinha visto o menino com sua namorada que era muito bonita e pensou que alguém tão jovem não devia ter uma namorada tão bonita".

Depois da ruptura da imagem especular ideal sustentada pela mãe (prancha I), aparece a referência à perda e recuperação do duplo que sustenta a bissexualidade imaginária (prancha III).

Prancha IV: "Era uma mulher que tinha duas filhas. Ela gostava muito de uma delas e não ligava para a outra. Houve uma festa no colégio e ela fez um vestido novo para uma e a outra foi com a roupa que usava sempre, e a mãe disse que ela que fizesse o seu vestido ou não fosse. A menina se trancou no quarto e estava chateada, não por sua irmã mas por sua mãe. E disse para a mãe que se ela não fizesse o seu vestido ela ia embora de casa. Prometeu que se a mãe fizesse o vestido, ela não ia embora de casa, ela como era muito cristã não podia quebrar a promessa. A menina foi suja porque a mãe não deixava que ela usasse o banheiro. Na festa, havia um marinheiro que ganhava muito dinheiro e a mãe queria que saísse com o vestido novo (expressa-se de maneira confusa, fica difícil saber de quem está falando). A menina pegou sua roupa e saiu de casa, passou pelo colégio e o marinheiro viu a menina e gostou muito dela. Ele perguntou aonde ela estava indo e a outra disse que era sua irmã e que não tinha vestido novo e não queria ir à festa. Ele compreendeu o que a mãe e a filha haviam feito e foi encontrar com ela na sua casa, os dois se apaixonaram e depois de um tempo foram se casar, mas não tinham a permissão dos seus pais. O rapaz fingiu que gostava da outra, enganou a mãe, ela assinou a permissão pela outra e ele se casou com quem queria, depois voltaram, mas a mãe não aceitou o casal de volta. Depois a irmã morreu, mas mesmo a menina indo ao enterro não deixaram que ela ficasse e ela foi embora com o marido, viam só a família dele. A mãe ficou doente e a menina foi, mas a mãe tinha orgulho e não queria, mas ela foi levada para o hospital, ficou curada e foi morar com eles e assim todos foram felizes".

É possível observar que, por trás do conflito com a irmã como imagem indiferenciada de si mesma, resolvida nessa última história mediante sua morte (é necessária a queda do duplo para permitir o encontro com outro num plano simbólico), está a relação especular de dependência, fascinação, hostilidade e rivalidade com a mãe, assim como na prancha I, só que nela a mãe aparecia como castrada e na prancha IV como castradora rivalizando com a filha.

Prancha V: "Era uma menina que se achava muito bonita, mas ninguém ligava para ela, era muito independente. Quando se olhou no espelho viu que não era bonita coisa nenhuma (agita a prancha, inquieta). Ela foi a um salão de beleza e eles se enganaram e ela ficou parecendo um monstro. Ela não saiu do salão e seu antigo noivo passou mas ela não queria ver ninguém. Depois eles deixaram a menina bonita. Ela foi a uma cartomante e ela disse que teria muita sorte ao se casar, mas um filho sairia ruim porque alguém tinha feito uma maldição". (Lembremos das dúvidas adolescentes acerca da capacidade de geração). "Por isso ela tinha medo de se casar. Casou e tiveram dois filhos normais e até o terceiro. Foi até a cartomante e perguntou porque ela disse aquilo e ela disse que foi para que ela não fosse atrevida nem arriscada, como não acreditava mais na cartomante, fez o contrário do que ela disse. Brigou com um homem no mercado por uma besteira, porque era sua vez. Como ela sabia judô bateu nele, ela foi para a cadeia porque ele morreu na briga e o marido casou com outra e não deixou que ela visse os filhos quando saiu da cadeia; ela ficou na frente de um caminhão e foi morta, mas era seu marido e ele foi para a cadeia. Ela morreu e os filhos que eles tinham ficaram com a outra mulher".

Aparece num primeiro plano a relação com a imagem especular, que a remete a fantasias de monstruosidade (mudança na imagem do próprio corpo).

Novamente, trata-se de *duas* mulheres em conflito; novamente, a única possibilidade de resolução do mesmo e de *separação* produz-se através da morte (cumprimento da "maldição" da mãe por pretender ocupar *seu* lugar).

Prancha VII: "É uma menina que estava vivendo na sua casa, sua mãe estava louca e seu pai tinha morrido na guerra. Viviam numa casa muito grande e ela tinha medo. Uma noite viu algo parecido com um lençol mas não disse nada. Um dia notou que era seu pai e disse para ir embora com ele, mas ele desapareceu e ela ficou sonhando com isso muito tempo. O médico disse que não era verdade; ela ficou doente porque viu o fantasma. De noite seu pai contava para ela coisas da guerra, o fantasma; de dia ela ficava normal, mas de noite com seu pai. Ela sabia que nada ia acontecer com ela porque estava com seu pai e estava muito contente. Mas um dia seu pai não apareceu, um dia viu que estava sendo enforcada, mas não sentia nada e foi ao médico e ele disse que era verdade. Escutava mas não via, tocava nela mas não via nada: o médico disse que era verdade, que ela estava morta. O médico morreu. Ela ficou doente e morreu. Todos morreram".

Na medida em que o reconhecimento do pai só é possível no registro do imaginário, a morte é a única solução viável para essa história incestuosa.

Prancha VIII: "É uma menina que tem namorado, ele queria se casar com ela mas ela não, porque tinha sido violada quando era pequena e tinha ficado com muito nojo. Mas ele obrigou, queria ter um filho para obrigar a menina a se casar. Ele tinha um duplo, ela viu e acreditava que era ele, mas este era melhor, se apaixonaram e o primeiro viu o duplo e, na noite de núpcias, assassinou o duplo e ficou como ele. Ela disse sim na igreja, mas o outro ficou com remorso e disse não e contou o que tinha acontecido, ela estava muito transtornada. Ela conheceu outro rapaz e foram para outro país para serem felizes, porque ali já tinham muitas lembranças".

Encontramos novamente o tema do duplo, que cria obstáculos para o reconhecimento do outro como tal, mantendo o perigo de destruição (circuito fechado do narcisismo).

Prancha X: "Era uma menina que morava muito longe do colégio e tinha que ir, e um homem ia atrás dela, ela antes de ir ao colégio descia para comprar pão. Um dia o homem estava esperando por ela, mas ela resistiu, mordeu e bateu nele. Ela continuava indo e ele ia atrás. Ela contou para um policial e ele acompanhava a menina como se fosse seu namorado, os dois se apaixonaram e como o homem viu que eles estavam se beijando, matou o guarda e violou a menina e fugiu para outra cidade para não ser preso; mas como sabiam que era ele, procuraram por ele e ele foi preso, e a menina ficou muito mal e morreu".

Na medida em que está presa em seu mundo imaginário, sem poder aceder ao universo simbólico, o homem aparece só como outro especular, conservando a tensão agressiva e a destruição próprias da relação narcisista.

Para concluir, citarei dois textos elaborados na mesma situação (a prancha I do Teste de Phillipson) por duas adolescentes mulheres de diferentes idades. Acredito que eles ilustram, de maneira típica, o momento da puberdade e o que poderíamos chamar "final da adolescência". A diferença essencial entre ambos reside na oposição entre a relação imaginária com o outro – que não é nada além de um duplo especular, no qual se confundem a sexualidade e a morte, diante das quais a única resposta é a impotência (castração) – e o reconhecimento do outro como símbolo, que permite a ruptura da posição narcisista, representada pela janela aberta.

I. "É uma pessoa que está na selva. Está pegando fogo. Não faz nada para fugir. Está sozinho com a sombra dele. Ao lado dele há um caminho, mas fica de braços cruzados. O que vai acontecer é que ele vai morrer, se ficar aí".

(Lúcia, catorze anos)

II. "É alguém olhando pela janela, imaginando, pensando. Pode ser um homem que está imaginando um rosto de mulher. Pode ser um pôr do sol ou um amanhecer. Isto é o reflexo do sol".

(Adriana, dezenove anos).

Capítulo IX

A morte como significante

"A morte é um mistério que não deve ser revelado jamais".

N., quinze anos

Este último capítulo é composto de textos escritos por meninas de catorze a dezessete anos[1]. Incluo-os aqui com a finalidade de ilustrar, com suas palavras, minhas considerações precedentes.

Agrupei os escritos em duas sessões, em função de duas formas basicamente diferentes de tratar o assunto, que poderiam ser definidas recorrendo à afirmação de Freud de que temos duas atitudes opostas diante da morte que se chocam e entram em conflito: aquela que a reconhece como aniquilamento da vida e aquela que a nega como irreal[2]. Apesar de que, na verdade, possamos encontrar esse conflito em cada uma das redações, separei-as porque é possível apreciar nelas o predomínio de uma das duas atitudes.

No primeiro grupo, torna-se evidente uma rejeição defensiva diante da idéia de morte. Em vários casos, o texto consiste no relato ou descrição da morte particular de alguma pessoa.

Na maioria dos casos, tenta-se, de diversas maneiras, negar a morte e o que se sente diante dela, ainda que a tentativa muitas vezes fracasse e surja a angústia. Chega-se a dizer, por exemplo, que "a morte em si não

---

[1] Devo agradecer esse material à colaboração da professora María Victoria Sendón, da licenciada Lucy Jchesasky de Berman e das adolescentes que o proporcionaram.

[2] S. FREUD: "Consideraciones de actualidad sobre la guerra y la muerte", *Obras Completas.*

existe", que "é algo alucinante", que "é um mito", que "é muito melhor do que a vida".

A negação do medo provocado pela idéia de morte revela-se em alguns casos através de comentários humorísticos ou poéticos, ou mediante diversos tipos de racionalizações: por exemplo, argumentos religiosos acerca de outra vida melhor do que esta, acerca da reencarnação, consideração da morte como algo "natural", seguida de descrições "objetivas" dos processos envolvidos nela.

Muitas vezes a morte aparece supostamente "aceita" como um intervalo entre as etapas da vida ou como "descanso" final.

O elemento central desse grupo é que só é possível falar da morte na medida em que se trate da morte de "outro". Freud assinalou que a morte própria é inimaginável; em muitos casos encontramos a afirmação de que "pensamos pouco na morte", em nossa morte, naturalmente, como dissera Freud. Quando tentamos fazê-lo permanecemos como meros espectadores; ninguém acredita na sua própria morte, no inconsciente todos estamos convencidos de nossa imortalidade[3]. Mas evidentemente esse "outro", cuja morte é relatada, está refletindo a própria morte; isso revela que a morte aparece, nesses casos, como algo fundamentalmente imaginário, que oscila entre o eu e o outro. A ausência da perspectiva da própria morte vincula-se com a impossibilidade de enfrentá-la numa dimensão simbólica e com a manutenção da crença narcisista na imortalidade.

No segundo grupo, encontramos uma confrontação diferente do problema: há uma interrogação pessoal acerca da morte, que é acompanhada muitas vezes da interrogação acerca da vida e da sociedade.

A referência à "palavra" morte implica sua consideração como significante, associado a diversos significados. Às vezes, trata-se daquilo que concerne ao devir do corpo, seu fim enquanto vivente, a decomposição orgânica. Outras, alude a um momento causal obrigatório, que estabelece retroativamente o significante "vida", na mesma medida – ou com peso ainda maior – em que a procriação originou a existência. Como assinalam alguns, é o momento do luto[4]. A morte como significante si-

---

[3] S. FREUD: op. cit..

[4] "Essai sur la signification de la mort par suicide", *Scilicet*, nº 1, Ed. du Seuil, Paris, 1968.

tua-se num ciclo, na ordem da sucessão dos seres vivos. Há referências ao nada e ao vazio que podem ser vinculadas às experiências iniciáticas que descrevi anteriormente (fantasias de dissolução).

Diante da morte, experimenta-se um movimento duplo de angústia e atração: em muitos casos, aparecem as fantasias de suicídio ou as referências à morte como um mistério que atrai e fascina. Isso não deixa de soar como um eco do jogo do carretel que Freud descrevera: o *Fort-Da* inscreve-se nas primeiras articulações simbólicas do sujeito que começa a brincar com um objeto, o qual faz desaparecer.

Torna-se difícil manter o equilíbrio narcisista ainda que às vezes surjam tentativas de restabelecê-lo mediante fantasias de imortalidade: existe uma vida dupla, ou, então, o corpo é mortal mas a alma permanece. Num dos textos, o sujeito que fala está morto.

Torna-se difícil tolerar a impotência diante da morte, tenta-se controlar pelo menos as condições nas quais pode se produzir: como, onde, quando.

Mas a palavra morte aparece como algo indefinível, quase impronunciável, impossível: o significado da morte na verdade nos escapa, é impossível representar-se a própria morte, ainda que ela possa ser reconhecida como destino, como ponto de referência para a vida.

Há uma dialética que foi descrita com clareza por Freud ao falar da guerra: "A morte não se deixa negar; temos que acreditar nela. Os homens morrem de verdade e não isoladamente, mas aos montes, dezenas de milhares e, às vezes, num só dia. E também não é um acaso. É lógico que possa parecer casual que uma bala fira um e não outro; mas a acumulação coloca um fim à impressão de acaso. *A vida tornou-se novamente interessante; recebeu de novo seu conteúdo pleno*"[5].

Ainda que haja flutuações entre o reconhecimento e a negação, o que justifica o agrupamento desses textos é que se trata da própria morte do sujeito (não como representada, mas como significante) e que, como tal, aparece como algo inexorável, sem escapatória possível, com a correspondente angústia. Ainda que se reflita sobre ela, buscando reencontrar a ordem simbólica que a instaura e a sustenta como tal, há algo não assimilável ao significante, como assinalará Lacan: a existência singular do

[5] S. FREUD: op. cit..

homem; por que está aqui, de onde sai, por que desaparece. A ordem significante não pode proporcionar nenhuma resposta, porque, enquanto significante, já o considera morto: imortaliza-o.

Primeiro Grupo

"A morte é algo alucinante, algo que foi desejado em certas ocasiões. Vejo minha morte como muito distante; acho até que é impossível que um dia deixe de viver e abandone este lugar.

Matar-me ou provocar minha morte, penso que é coisa de covardes, é fugir de uma maneira fácil demais dos problemas da minha vida. Deve ser horrível ver como você se consome, ver como a vida escapa de suas mãos.

A morte é o mal que sempre vence o homem, acho que a maioria das pessoas resiste e luta inutilmente.

Não tenho medo da morte, pois jamais a vi dentro de mim. No entanto, nesses momentos em que você vê que vai bater num carro ou que algo vai cair em cima de você, para as pessoas que viveram isso e saíram vivos deve ser inesquecível.

Algum dia vai chegar para mim, não sei de que jeito, apesar de que não me vejo morrendo velhinha, mas enquanto ela está chegando não penso muito, não posso ter muito medo de alguma coisa que não me aconteceu".

"De repente, aquela voz quebrou o silêncio profundo do hospital e destruiu sem pensar todo um mundo de esperanças. No mesmo instante, todos correram na sua direção: uma palmada no ombro e um 'não somos ninguém'. Depois de toda uma vida de amor dedicada a uma pessoa, só ficou isso: um 'não somos ninguém'. Quando ouviu aquela voz, sua dor não foi agoniada, foi uma dor agradável, cálida; uma dor que só pertencia a ele e com egoísmo se perguntou por que a morte tinha levado logo ela, quando havia milhões de pessoas no mundo. Ela havia morrido e ele também gostaria de ter morrido, mas a morte às vezes é cruel e injusta e não basta levar uma pessoa dessa vida, tem que destruir quem fica nela. E o homem se afastou triste, triste, triste...".

"A avó morreu. Dizem que depois de sofrer uma paralisia parcial teve um ataque do coração, que já estava fraco e deixou de bater. Há dois anos que já estava muito doente.

A última vez que a vi, foi há alguns meses. Ela se sentia sozinha porque sua idade – oitenta e nove – não lhe permitia fazer tudo o que queria e gostava de falar e contar desde canções e poemas aprendidos na sua juventude até coisas que tinham acontecido com ela.

Ela via em mim sua melhor ouvinte e eu nela a melhor oradora e ela costumava me contar muitas histórias, que eu escutava com avidez.

Um telefonema no meio da tarde e a revolta da minha mãe foram instantâneos. Quis fazer uma pergunta, mas não pude, me responderam na hora: a avó está muito doente, está morrendo. Via-se a agitação nos rostos de todos. Que horas tão agoniadas. Meus pais partiram imediatamente depois de avisar os outros familiares. Agora começava a espera. Cada vez que o telefone toca corremos em sua direção. No dia seguinte, recebemos um telefonema alentador: ela havia melhorado e parecia que o perigo havia passado. Essa noite dormi "um pouco" mais tranqüila. Quando acordei, o dia já tinha clareado, minha irmã entrou no meu quarto e me contou. Fiquei tão tonta que não sabia o que dizer. Não podia ser verdade! Talvez não aceitasse o fato porque não tinha pensado sobre isso. 'Morte' não entrava no meu vocabulário.

Quem agora vai substituir essas histórias da minha avó? E a resposta distante não deixa de ser assustadora: ninguém".

"A morte, ao que me parece, não é algo lindo, não se pode comparar com a vida. Há vários anos, morreu um parente meu e na sua agonia dizia coisas horríveis" (risca "horríveis" e no seu lugar escreve:) "muito bonitas, que chegaram até o fundo do meu coração e não pude resistir nem um minuto mais nesse quarto de quatro paredes que guardavam grandes lembranças, umas tristes e outras alegres, de minha tia.

Foi a primeira vez na vida que um parente meu morria e até então não sabia o que se sentia, mas agora sei a angústia e o desespero que dá. Alguns pensam que a morte é uma coisa bela, que leva todo mundo mais cedo ou mais tarde. Eu aceito o segundo, mas sou contra o primeiro, não porque tenha medo, mas pelo que se deve sentir".

"Para mim a morte em si não existe; porque muitas vezes me pergunto onde começa a vida ou se essa vida acaba com a morte; ou por que não poderia ser um ciclo circular, em que há diversas fases da vida de um mesmo indivíduo, mas que cada uma dessas fases é uma vida, quer dizer, penso que a morte é uma abstração da qual ninguém pode estar certo, já que sobre ela ninguém sabe nada de concreto e por isso podem existir muitas teorias.

Na minha opinião, a morte não existe, porque minha vida não acaba aqui, mas há uma eternidade chamada céu me esperando, se é que vou para lá, que é muito mais maravilhosa do que a vida que conheço agora.

Na minha opinião, os mortos não existem, eu nunca irei ver alguém no cemitério, só no dia de enterrá-lo, porque espero que seu espírito esteja em outro lugar mais confortável que numa caixa, já que numa caixa só é possível guardar ossos, coisas, não pessoas, quer dizer, almas".

"Muitas vezes parei para pensar por que a maioria das pessoas tem medo da morte. A única resposta que encontrei é bem simples: do que realmente elas têm medo é do lugar de destino, da outra vida, ou do meio de transporte, quer dizer, do modo como morrerão.

Analiso essas respostas, que eu mesma procurei, e sorrio. Sim, sorrio para não rir às gargalhadas já que o assunto não permite, mas me dá vontade de rir, é inevitável; e percebo que o homem é o ser mais idiota, o único que tem cérebro, pensa e é o mais idiota. E é assim porque não compreende que a morte é uma viagem curta em direção ao descanso eterno, descansar para sempre do cansaço da vida.

Devo admitir que eu nunca desejei realizar essa viagem, mas não porque tenha medo dela, mas porque não estava cansada.

Agora tive outra idéia, será que o medo da morte é por causa do momento em que ela vai chegar, em que talvez nos pegue desprevenidos, sem ter vivido o bastante... Não sei, o que sei é que algum dia deveremos nos encontrar com a morte porque é inevitável, não é possível fugir dela, nem jogar cartas com ela, ela sempre ganha e quando menos se espera vem, como essas visitas tão inoportunas de domingo à tarde.

Seria mais bonito pensar que depois da morte um descanso para sempre está nos esperando e assim ninguém ficaria triste... mas é um pouco difícil colocar essa idéia na cabeça de todo mundo".

"A morte na minha opinião é um mito e penso que não há nada a temer. Por mim, se me dissessem que morreria amanhã, para mim não faz diferença, sofro mais por meus amigos. Além disso, gosto muito de dormir e a morte é um sonho bonito, sem ouvir nunca mais o despertador obrigando você a levantar, inclusive não precisaria mais bocejar. No entanto, para os que ficam vivos, a morte de um amigo é um pesadelo horrível, quando passar algum tempo o despertador tocará e eles bocejarão. Mas mesmo que me acordem do pesadelo, o mito permanecerá: a morte".

"Morte! Palavra apavorante para muita gente, costuma inspirar medo, terror, coisas horríveis. Mas, por quê? Acho que em todo caso é preciso ter medo de uma morte na qual se sofre e se tem dor; como por exemplo uma doença que não tem cura e a agonia é terrível. Mas a morte em si é mais uma etapa da vida: nascemos, vivemos... e morremos; é simples.

Se foi Deus que nos deu a vida, é Ele portanto quem tem direito de tirá-la de nós. Além disso, quando estivermos mortos, não sentiremos absolutamente mais nada; se houve sofrimento, o pior já passou.

Quando somos felizes na vida, temos medo de que a morte acabe com essa felicidade. Mas em geral, os que não estão satisfeitos com sua vida não temem nem um pouco a morte, mas a desejam.

O mais lógico talvez seja o medo do "além", disso que deve existir depois da morte; o que acontecerá conosco, com o nosso corpo e com a nossa alma? Isso é o único que se deve temer. Eu, que acredito em Deus e numa recompensa e num castigo, é do único que tenho um pouco de medo".

"Uma definição mais do que simples sobre esse assunto: é o final da vida. Mas ao falar desse elemento tão apavorante para uns ou impressionante para outros, infelizmente tão comum na vida dos seres humanos, vem à nossa mente uma pergunta: a morte é causada por uma característica física ou espiritual? Neste mundo tão materialista, normalmente se diz que faz parte da falha do organismo humano, seja por falta de ar, parada cardíaca, etc, e assim poderíamos continuar até completar a lista dos sintomas mais graves de doenças. Quanto ao segundo ponto – a morte por causa do espírito – origina-se na vida, parece paradoxal mas é assim.

O que é a vida? É um conceito não muito claro ainda para os cientistas, o que impulsiona um coração a colocar um corpo em marcha, o que faz com que os homens e animais padeçam, sofram e sintam? Tenta-se buscar uma explicação para isso, mas se não a encontramos temos que pensar nas barreiras do natural e penetrar no mundo sobrenatural, dando explicações que às vezes não são muito práticas. Isso está intimamente relacionado com o campo religioso e chega-se à conclusão de que Deus nos dá a vida através dessa abstração que se chama alma. Um bom exemplo dessa segunda causa pode ser a 'morte clínica'. Já houve mais de um caso. Significa que uma pessoa estando meio morta continua vivendo.

De qualquer forma, seja material ou espiritual, a morte será isso que chega para todos nós quando já não devemos mais viver".

"A morte é uma forma de encontrar a paz. Para algumas pessoas a morte é algo horrível, espantoso, o pior que pode nos acontecer, pelo contrário, para outras supõe a liberação deste mundo e a passagem para outro melhor. Não se sabe na verdade o que é a morte, já que não se pode falar depois de ter estabelecido contato com ela, no entanto, testemunhos de pessoas que estiveram perto dela dizem que é muito melhor do que a vida.

O que mais me assombra na morte é o silêncio. É triste ver como nos cemitérios há um silêncio aterrador e de repente quando um grupo de pessoas chega parece que tudo se alegra um pouco com a chegada da vida.

Talvez a morte seja uma das poucas coisas justas que há no mundo, tanto faz que uma pessoa seja rica ou pobre, jovem ou velha, menino ou menina, ela afeta a todos igualmente. A morte é a implantação da justiça que não há na terra".

"A morte não me assusta, o que me dá medo é perder a vida quando você está aproveitando plenamente, ela pode parecer linda quando você a deseja.

Aos quinze anos, a morte é horrorosa porque é quando a gente começa a viver a vida, pelo contrário, quando já se viu tudo o que se tinha para ver, não parece tão monstruosa.

A morte significa para mim algo profundo, escuro que chega quando menos se espera, mas nem sempre é dolorosa. É uma etapa que na nossa existência é fundamental, tão importante como a vida".

"Para que viemos ao mundo? Para morrer. Antes tinha muito medo da morte, pois pensava de outro jeito. Agora penso que não devemos ter medo dela, já que todos nascemos para morrer e pode ser que gostemos daquele mundo mais do que deste.

Só tenho medo dela quando algum parente meu morre e às vezes acho que gostaria de ir no seu lugar, para que ele pudesse continuar vivendo".

"O que é a morte? Todas as pessoas se perguntam hoje em dia. Eu não tenho medo dela, ainda que me desperte respeito. Penso que é um transe para alguns ruim, para outros melhor, depende.

Eu não choraria por um morto se não fosse pelos que choram, pois eles não verão esse amigo de novo, esse filho que vai embora.

Para onde a morte nos leva? Não sei, nem imagino. Segundo Deus, para uma vida melhor de onde contemplamos o mundo que deixamos.

Não conheço a morte, não sei o que é, mas se vou morrer, que seja logo e sem sofrer. Não gosto da idéia de que uns míseros vermes se alimentem da minha carne. Carne que viveu anos sofrendo e aproveitando.

Por enquanto o que me importa é a vida, por que devo me preocupar com a morte? Quando ela vier, aceitarei e então saberei o que a morte é para mim".

"O que é a morte? Uma parada cardíaca, um ataque, um medo...

É algo que devemos enfrentar mais cedo ou mais tarde, com medo ou sem ele vamos ter que passar por isso.

Há diversas idéias sobre o 'além', por isso, na minha opinião, é algo apaixonante poder ver e rir do pessoal lá debaixo porque eles não sabem o que acontece lá em cima e eu sim. Sou realista e portanto, como disse antes, não tenho medo de morrer. Gosto de pensar que vou saber alguma coisa e viver nesse lugar que os daqui da terra não conhecem.

Por outro lado, tem a minha família. Penso que quando eu morrer vão chorar por mim e isso me deixa triste porque não estarei com eles para dizer: Não chorem, nos veremos mais tarde.

Portanto, a morte tem seus prós e seus contras como quase todas as coisas".

"A morte é o fim. Algo sobre o qual os humanos pensaram até quebrarem a cabeça. Algo que alguns esperam com resignação e outros não querem aceitar. Eu faço parte dos primeiros, acho bobo não aceitá-la e tentar resistir, é inevitável, não importa o que façamos, chegará nossa hora. Só vivendo cada minuto agora, dessa vida, não ficaremos tristes nos nossos últimos anos.

Não tenho medo dela, da morte em si, mentalizando que deve ser assim, cheguei a não ter medo dela, mas... penso: como será? O que me acontecerá? Será dolorosa? O que me preocupa é a dor que eu possa vir a sentir quando ela chegar.

Agora, quando penso, digo a mim mesma, 'não seja boba, é melhor viver! Se você não viver agora, depois você vai se arrepender', a cada minuto que passa penso: perdi".

"A morte! A morte! Não sei por que essa palavra dá tanto medo, se é a coisa mais natural do mundo.

A morte não é um castigo, nem um final, pelo contrário, para mim a morte é um sinal de vida, acho que ela é cheia de vida, mas de uma vida muito especial e muito particular.

A morte é a passagem que há entre a vida terrena e a vida do além ou vida eterna. Graças à morte rompemos com o carnal para passar ao espiritual, a morte é uma questão de segundos.

A morte não é um drama, nada disso! É um motivo de júbilo que todos deveríamos celebrar, porque a carne é destruída e o 'eu' permanece, o 'eu' de cada pessoa fora do corpo que tanto o amarra ao que é terreno.

A morte não me dá medo, espero por ela (porque sei que virá) serena e feliz. Enquanto isso vivo a vida o melhor que posso para que isso não influencie a vida que existe depois da morte.

Não compreendo o choro e as lamentações, pois a morte é o final do corpo e o começo da alma".

"Quando esse momento chegar, é preciso estar preparado para encará-lo. Não gostaria que chegasse, pois ainda me resta muita vida pela frente com suas alegrias e tristezas. Também não me assusta demais, pois quando eu morrer não vou ficar quieta numa caixa para sempre, vou conhecer muita gente, vou passear por aí, conversando com Gandhi ou com Napoleão, também poderei falar com Madame Curie.

Também não me importaria muito se me cremassem, porque a verdade é que ter uma caixa vazia debaixo da terra não serve para nada, porque é lógico que eu não vou estar lá dentro. Mas também seria um grande trabalho encontrar minhas cinzas para poder viajar e conhecer.

Acho que a morte é como uma segunda vida na qual vou poder realizar tudo o que não fiz nesta.

O mais triste da morte é ter que fazer o testamento que é uma chatice. Nem tabeliães, nem advogados, que besteira! Despedir-se de seus grandes amigos, mesmo que não seja por muito tempo, porque se são velhos como eu, logo virão comigo e viajaremos juntos de novo e construiremos a cidade onde tudo seja vida, na entrada da cidade, haverá um letreiro pendurado onde estará escrito: 'Bem-vindos à cidade dos mortos onde tudo é vida'. Triste será ter que abandonar meu gato, meu sofá velho, meus livros empoeirados e minha guitarra, gostaria de levá-los comigo, mas nesse mundo de vivos não o entenderia, pois são coisas sem muito valor para eles, mas não percebem que um morto pode sentir falta disso. Se não encontra amigos, vai ficar entediado, mas no mundo dos mortos ninguém terá tempo de ficar entediado e quem ficar vai ser porque quer".

"Quando era pequena, fiquei sabendo que meu pai ia ao enterro de um menino mais ou menos da minha idade. Eu achava que as crianças não morriam, que só a gente mais velha que já tinha vivido o suficiente e não tinha vontade de viver morria. Perguntei se as crianças podiam morrer, me disseram que sim. Essa resposta me deixou aterrorizada.

Não gosto nem um pouco das mortes em que depois de ficar sofrendo e sofrendo você morre depois de ter passado por tudo isso, mesmo que na verdade seja um descanso. Prefiro as mortes rápidas, que quase não se sente que o fogo da vida está se apagando, pouco a pouco, sem que você possa fazer nada.

Agora, depois que vários anos se passaram, depois de ter compreendido essa triste realidade, às vezes gostaria de morrer, para me liberar disso. Outras vezes, prefiro viver com todas as suas conseqüências.

Fico assustada com a idéia de que os médicos ou as pessoas acreditem que você morreu e depois de alguns dias você ainda está viva. Minha mãe diz que é por isso que você fica alguns dias em observação, mas eu prefiro ser queimada e que minhas cinzas sejam jogadas o mais longe possível ou, se não quiserem me queimar, doar parte do meu corpo que seja vital para viver.

Não consigo imaginar o que um morto pode fazer no além, na outra vida, que boba, se é uma outra vida, viver e ser feliz, encontrar os seres queridos e começar de novo. Deve ser como o começo da vida, o que morre primeiro é o que chegou primeiro neste mundo. Sua mulher na terra morre, chega ao além, vocês se conhecem, se casam e com os filhos é a mesma coisa.

A morte no fundo me dá muito medo. Fico nervosa só de pensar nela. Por isso prefiro não falar. E se falo, imaginar as coisas mais fantásticas sobre ela".

"Todos nós já fizemos essa pergunta alguma vez: quando vou morrer? Vai doer? Mas... o que é a morte?

Os médicos e as pessoas que entendem do assunto dizem que acontece quando o coração pára e o corpo deixa de realizar as funções próprias de um ser vivo. Mas não é só isso.

Alguns pensam que morrer, como tudo, tem suas vantagens e seus inconvenientes. Por um lado, você se livra dos seus problemas cotidianos, as preocupações desaparecem, etc, para mergulhar num mundo desconhecido, para alguns fatal e para outros magnífico, do qual, na verdade, ninguém sabe nada. Outros acreditam, por outro lado, que de repente você deixa de ver a luz do sol, você nunca mais vê as pessoas queridas, se afasta do mundo e da realidade para entrar, talvez, num mundo de trevas ou, quem sabe, de luz. Outros, pelo contrário, vêem na morte apenas um corpo em decomposição, cheio de animais da terra e um cheiro insuportável. Mas a alma é o que sobrevive, isso, com certeza.

Seja como for, morrer é sempre triste e todos esperamos com temor (confessando ou não) o último momento da nossa vida".

"Para mim a morte é algo natural, algo pelo qual todos nós temos que passar.

Penso que na nossa idade pensa-se muito pouco sobre a morte, pois nos parece algo muito distante, que acontecerá quando formos muito velhos.

Mas essas poucas vezes que penso sobre a morte, fico com medo por não saber o que haverá depois, o que me acontecerá; penso também que cada minuto que passa estou mais perto da morte e que começar a viver é começar a morrer.

Também acredito que quando alguém da minha família que eu posso ver quando eu quero morrer, não conseguirei aceitar ter que viver sem sua companhia, não poder escutá-lo nem ouvi-lo.

Mas, por mais que fiquemos tristes, a morte é uma coisa da qual ninguém escapa".

"MORTE, uma palavra fria, tensa, que te enche de medo. Mas... o que é a morte? O final da vida, diriam alguns, outros pensariam que é uma espécie de intermédio, de apeadeiro para passar de uma vida a outra, quem sabe se melhor ou pior.

Acho que deve haver algo por trás de tudo isso, um mundo novo, afastado. Esse final tem que chegar algum dia, porque nós, não sei se por sorte ou por desventura, somos mortais. Acho que seria chato viver para sempre, em todas as épocas. Eu definiria a vida como um carnê que quando passa o tempo caduca e não vale mais, então aparece a morte. Sim, a típica morte, o protótipo: um esqueleto com uma grande capa e uma gadanha na mão. Para mim, a morte é aterradora, desperta em mim um enorme respeito, mesmo se penso 'não vai chegar logo hoje'.

Mas como sei que algum dia tem que chegar, gostaria de morrer de uma forma rápida, confortável, quase sem perceber. Não como outras pessoas, que sofrem muito. Às vezes penso, caramba, até para morrer é preciso sofrer".

"Como acontece com todo mundo, um dia a morte chegará para mim, sempre foi uma idéia que não consegui entender, mas acho que é natural, porque senão o mundo ficaria tão cheio que proibiriam a natalidade e a terra se transformaria num mundo de anciãos. A morte entristece e deprime e até pode provocar o suicídio de parentes do morto.

Mencionar a morte assusta as pessoas e elas preferem não falar dela, mas percebem que ela existe e têm medo dela".

"A palavra morte é um tanto triste, patética, dolorosa e aterradora. A morte tem muitas opções, pode ser uma morte num hospital tranqüilo, morte numa grande estrada ou morte de uma pessoa mais velha na sua casa.

A morte geralmente produz pena e espanto. A morte que mais me espanta é a imprevista, a que não era esperada, a que nos pega de surpresa e na qual morrem pessoas que talvez no dia anterior estavam cantando. A morte que me dá mais pena é a de pessoas jovens que estão começando a aproveitar a vida ou a das crianças que não começaram a aproveitá-la totalmente.

A morte de uma pessoa mais velha não produz tanta pena nem espanto, porque já era esperada, porque se sabia que podia acontecer qualquer dia depois da data em que fez oitenta anos; mas mesmo que não tanta, ela sempre causa alguma dor em quem gosta dessa pessoa, alguma coisa que faz pensar no que acontecerá depois, no que você vai encontrar quando chegar o seu dia.

Temos que tentar não pensar na morte para não estragar nossa vida; ou talvez tenhamos que pensar nela para aproveitarmos o máximo a vida e não deixar que ela passe desapercebida".

"A vida não acaba com a morte, porque para todos nós ela não é nova. Ao longo de toda nossa existência, morremos infinitas vezes, morremos de desespero por um amor frustrado, por uma meta não alcançada, por um castigo injusto, por tantas coisas!...

Morreram em nós ilusões, esperanças, idéias, pensamentos que, mesmo que não tenham morrido totalmente, amadureceram, mudaram através das experiências diferentes de cada dia.

Existe outra morte, por assim dizer, dessa eu tenho medo, ao menos na minha covardia eu serei sincera, tenho medo dessa dor que se afunda na carne e entra nos ossos até se tornar tão forte que já não é dor e sim paz e bem-estar. Sempre disse que gostaria de morrer sem padecer.

Nunca vi a morte de perto, mas na minha casa ela sempre esteve presente, cada noite e cada manhã que meu pai saía com o caminhão e ia trabalhar, longe muito longe; e essa distância para mim era maior ainda. Para mim uma pessoa não deixa de estar morta, não nasce até que é conhecida e muitas vezes acho que meu pai morreu. Não sou órfã. Apesar dessa morte, gosto dele e não porque é meu pai. Para mim a morte não é o final e uma etapa e sim uma porta que nos conduz a alguma coisa, boa ou má, ainda não sei, mas com certeza é alguma coisa. Essa coisa tem um inconveniente: não é possível distinguir até que um coração deixe de bater, umas veias deixem de conduzir líquidos vitais que essas pequenas partículas que constituem nosso corpo precisam".

"Esse é um assunto do qual não gosto de falar. A morte me dá medo. Só de pensar me dá horror, me assusta, faz com que eu me sinta estranha.

Talvez muita gente ache que é preciso morrer de um jeito ou de outro e é verdade, temos que morrer algum dia, mas eu prefiro não pensar nisso.

As pessoas pensam que é melhor morrer sem sentir, de um ataque por exemplo, e é verdade. Pois se me dissessem que só me restam alguns meses de vida, a verdade é que não sei como encararia isso.

O ano passado minha avó morreu. Ela já estava doente há muito tempo e sabíamos que isso ia acontecer. Mas acho que é algo muito desagradável. Eu a vi um pouco antes de morrer e acho que nunca esquecerei, porque é muito difícil e sempre que me lembro dela, além de lembrar dela como ela era antes, às vezes me lembro de quando ela estava morrendo.

Espero nunca mais ter que falar disso. Já que é um assunto sobre o qual não se pode dizer nada agradável, nem conversar".

"Vida e depois... morte.

De uma maneira muito simples a vida passa e você morre inesperadamente. Há momentos difíceis na nossa vida, mas ninguém deseja morrer.

A morte é talvez tenebrosa e cruel, mas todos sabemos que deve chegar. É como um encontro com o misterioso e desconhecido. O descanso total.

Sempre nos disseram muitas coisas sobre o horror da morte, mas para mim a morte é algo novo e estranho.

Sou partidária de que depois da morte há outro mundo mais irreal. Sempre imaginei que ao morrer encontraria uma felicidade total. Talvez isso seja fantástico demais.

Acho que a morte em si é só o abandono de um corpo, o desaparecer de uma forma material e a aparição de um novo ser, mais sensível e complexo.

Talvez ao morrer encontremos um novo espaço mais completo e ideal.

Que surpreendente é a vida!

Que estranha é a morte!".

"Talvez possa nos parecer um tanto forte por causa da nossa idade, mas a morte é influenciada pela vida.

A morte me parece doce, como a conclusão de toda a vida, não sou sádica nem nada disso, mas a morte é um suave toque final, o descanso, a despreocupação, a tranqüilidade. Quando um velhinho morre todo mundo fica triste e não percebem que, talvez, se essa pessoa tivesse continuado aqui, ela teria sofrido, no entanto, essa morte é um doce descanso, o breve ponto final.

Às vezes penso no percurso da vida quando ouço uma sirene, no começo uma coisa fraca, vai aumentando, depois chega seu ponto culminante e depois vem um barulho decadente até que cada vez se ouve menos e deixa de se perceber.

Essa é minha maneira de ver a morte, claro que isso não serve para uma pessoa jovem, que é como uma sirene que deixa de tocar no seu ponto culminante, então fica um gosto amargo na boca, é algo brusco, como se você estivesse andando e, de repente, aparece um abismo vertical, onde, quando você vê, já caiu".

"Quando era pequena, pensava que era o final de um caminho muito longo onde é preciso chegar sendo puros, bons e sem nenhum peso na consciência. Naturalmente estava influenciada pelos professores, tanto os de religião como os de outras matérias. Agora depois de ter ouvido muitas pessoas falarem disso penso que nunca seria possível definir, nem falar dela como se fosse algo igual para todo mundo. Minha opinião mudou tanto que também não acho que seja o final de nada, mas outro começo qualquer, não sinto medo da morte, sinto medo da vida. Não a vejo como um acontecimento distante, pelo contrário, está tão próximo de nós que nos acompanha quando atravessamos a rua, quando passamos por baixo de uma casa escorada, quando vemos o fracasso, a solidão, a tristeza perto de nós. Gosto dessa mistura entre a vida e a morte, porque realmente o fracasso só pode acontecer se estamos vivos, não é?".

"Na minha opinião, a morte é um sinal de que meu papel na vida foi concluído, que não tenho mais nada para fazer nela. Não digo que nunca tenha pensado que desejava morrer, porque ninguém precisava de mim, porque não tinha mais nada para fazer; mas sempre reconhecia no final que tudo isso era fruto da minha imaginação, que era resultado de uma briga familiar ou de uma desilusão amorosa.

Eu nunca tive medo da morte, pois acho que não é uma coisa tão terrível como dizem, aliás, acho que morrer é um descanso, é escapar de todo tipo de problema, é não ter que estudar...

Isso não quer dizer que eu goste da morte, mas se chegar minha hora simplesmente não ficaria nem um pouco triste. Só ficaria deprimida se ela afetasse alguém próximo e muito querido, então sim me entristeceria, mas só pelo fato de que ia perder essa pessoa, não pela palavra morte em si.

Acho que a morte não tem um significado próprio, o significado vem depois com as conseqüências que arrasta, mas só isso.

A morte é mais uma experiência pela qual é preciso passar ou então é como se você não saísse de sua casa e não conhecesse a vida que há fora dela. Para concluir, a morte existe, mas não é um motivo para se desesperar".

"A morte é algo que desconhecemos, é algo abstrato e real ao mesmo tempo; às vezes desejamos a morte como uma saída e a utilizamos (suicídio) e quando chega sentimos medo talvez?

A morte é algo pelo qual todos devemos passar, o que não sabemos é o que deve existir depois dela.

Eu, como todo mundo, sei que algum dia vou morrer, mas se não há outra saída não posso fazer nada; acho que ainda falta para eu morrer, apesar de que nunca se sabe, na hora que a gente morre deve sentir dor; eu tenho um pouco de medo de morrer, mas também tenho curiosidade de saber o que existe depois dela.

Se ninguém morresse, seria muito pior, além da superpopulação, sempre tendo que aturar alguém; por outro lado, sempre trabalhando, comendo, dormindo, vendo televisão, etc. Seria muito chato.

Há algumas pessoas que nunca deveriam ter morrido, como cientistas, descobridores, etc. Quando alguém morre, às vezes no dia seguinte não fica nenhuma lembrança, não deixou nenhum rastro; não acredito que a morte seja o fim, deve existir algo além, eu imagino.

Quando eu morrer, não quero que ninguém diga: Coitadinha!... Nem: Já era hora! Mas seria uma boa que fossem ao enterro".

"É tão difícil pensar na morte na nossa idade, porque a verdade é que, por mais corrompido, estragado e decadente que este mundo esteja, estamos bem nele. Essa mulher ossuda e de luto não me assusta mais, ela está distante, mas também perto.

Você pode morrer daqui a cem anos ou dois meses ou três dias e inclusive daqui a cinco minutos, mas o que é certo é que dela você não escapa por mais escondido que você esteja, pois tudo o que está vivo traz em si a morte.

Talvez tudo se reduza a deixar o lugar para outro que deve como nós chorar, rir, sofrer, aproveitar, enfim, viver como eu ou você.

Todos nós quando nascemos sabemos que um dia teremos que morrer, então, por que é tão penoso e difícil aceitar a morte, se já conhecíamos esse final?

Por que lutamos para vencê-la se ela é mais forte do que nós?

Todos os avanços médicos e científicos podem adiar a morte, atenuá-la, mas não são tão fortes a ponto de espantar a morte e expulsá-la para longe, bem longe daqui".

"A idéia de morte sempre me pareceu horrorosa, por isso cada vez que esse assunto passa por minha cabeça avoada tento esquecer e pensar em algo 'mais alegre'.

Não me importo de reconhecer isso, tenho muito medo dela, apesar de saber que existe outra vida, ou ao menos assim me ensinaram.

Gosto de viver!

Sei que tive, que todos tivemos momentos em que gostaríamos de acabar com nossa existência, que parece que o mundo acabou, que não vale a pena continuar com uma vida na qual tudo dá errado, mas mesmo assim, mesmo pensando isso, não conseguiria me matar, não só por esse amor à vida, mas também por uma razão ainda mais forte: a covardia.

Mas afinal de contas, a vida continua seu caminho, girando feito um pião e no fim deste trajeto, implacável, a morte nos espera, feliz ou trágica; mas finalmente tudo depende da cor do prisma com o qual olhamos".

"O ideal seria não morrer nunca ou pelo menos ter uma morte tranqüila e sem sofrimento, mas é algo que devemos aceitar, não como bom ou ruim, mas simplesmente porque tinha de acontecer. Também não vou dizer que a morte é algo maravilhoso e que estou louca para morrer, porque tenho a vida toda pela frente para aproveitar.

Deixando de lado o que a morte possa significar para as pessoas em geral, acho que a vida de uma pessoa não acaba com a morte e que a vida na terra é apenas uma etapa de outra vida posterior ou 'algo' que desconhecemos. É algo que devemos aceitar como parte da vida".

"Vejo a morte como um desabafo quando a gente está triste por alguma coisa ou num beco sem saída. Mas realmente acho que a essa idade, morrer ou mesmo desejar isso é uma besteira. Acho que na vida é preciso enfrentar os problemas cara a cara e não se refugiar no leito lúgubre da morte.

Não acho que a morte seja um fato tão monstruoso para os velhos ou pessoas de mais idade que viveram uma vida inteira e para eles significaria uma espécie de descanso eterno.

Muitas vezes desejei a morte, ao me encontrar diante de uma situação que era incapaz de enfrentar, porque a vida não é como a gente gostaria que fosse.

Enfim, a morte é na minha opinião um recurso diante dos problemas que não sabemos ou não queremos enfrentar".

"A criança adormeceu. Silêncio... tem um sono tão leve que pode acordar a qualquer momento. Amanhã chegará o dia, voltaremos a brincar com ela.

Vocês devem estar se perguntando o que a imagem de uma criança dormindo tem a ver com a morte. Pois bem, para mim, a imagem da morte neste momento é isso. Algo tão terno e tão doce como uma criança, tão natural e espontâneo como o sono de noite, tão relaxante quanto o cuidado materno.

Por um lado, vejo a morte tão perto que se me dissessem que amanhã iria morrer talvez estivesse pronta e não fizesse nada demais. Por outro lado, vejo-a tão distante que acho que tudo é uma doença misteriosa que chega para alguns, mas contra a qual estou imunizada.

Tudo isso está tão confuso como minhas próprias idéias sobre a morte.

Se pudesse tocá-las certamente escorreriam pela minhas mãos, talvez porque nunca penso seriamente sobre elas".

"A morte em si não deveria existir, mas acho que seria um saco se toda aquela gente que existiu desde nossos primeiros pais ainda existisse. Eu vejo a morte de duas formas, uma boa e outra ruim. Ruim porque acho que ninguém gosta de morrer, principalmente se está na melhor época da vida como nós. O bom da morte, por assim dizer, penso no encontro que terá com Deus (principalmente para um cristão), quando estiver do seu lado, não terá mais preocupações nem problemas (isso se tiver sido bom durante a vida, claro!)".

"Quero morrer! É a primeira coisa que eu digo quando tive um grande desgosto, mas quase instantaneamente penso no que disse e levo um susto. Então começo a pedir desculpas para as paredes e a gritar que é mentira o que afirmava com tanta força há um segundo atrás.

Acredito que cada um tem seu próprio desejo de sua forma de morte e eu obviamente tenho o meu, apesar de que não estou muito certa de se esse é meu verdadeiro desejo. Quase todos querem morrer sem dor, mas eu 'gostaria' de morrer de outro jeito: num acidente de carro ou de avião, mas eu pilotando.

Acho que no final desta vida, haverá outra eterna ou então que aquela pessoa que morre sem cumprir o que devia na terra deve reencarnar em outro ser".

Segundo Grupo

"A idéia de 'morte' me toca profundamente. Considero a 'morte' como algo inexplicável. Seria interessante saber o que as pessoas pensam diante da idéia de 'morte' e sobre os mortos.

A maioria das pessoas considera a morte como um mundo vazio, no qual os mortos não são nada além de um corpo enterrado debaixo da terra.

Na minha opinião, quando uma pessoa morre, tudo o que eu vejo e encontro à minha volta me traz lembranças desse morto. É como se as paredes quisessem falar comigo e me dizer: Esteve aqui e deixou saudades.

Nunca me deixaram ver um morto, minha mãe sempre diz que é horrível, pois de noite teria pesadelos.

Na verdade, considero a morte um 'momento' no qual não se pode dizer com palavras o que se pensa, mas seria necessário vivê-lo e senti-lo para poder explicá-lo".

"É a solidão, é o vazio, é um poço sem fundo, é... uma barreira fácil de ultrapassar a qualquer momento, em qualquer lugar, em qualquer situação: é possível ultrapassar tomando simplesmente uns calmantes ou jogando-se pela janela.

É um mistério, um mistério que nós vivos não podemos decifrar mesmo que queiramos.

Eu tenho medo e acho que muitas pessoas sentem o mesmo".

"A morte me assusta. Sempre foi assim. Desde pequena, imaginei um monte de coisas horríveis em torno dessa palavra que soa tão terrível aos meus ouvidos. Via uma imagem preta, muito escura e eu, inerte, no meio, cercada em silêncio, sozinha. E isso me dava medo.

Agora a morte continua me assustando. No entanto, vejo-a de outra forma. Sei que, como acontece com todo mundo, há de chegar para mim o último dia de vida e prefiro imaginá-lo como outro qualquer: me levantar, fazer minha vida normal, deitar, mas... sem acordar de novo. Quando eu acordar, estarei em outro mundo, melhor ou pior do que este, para onde o destino, meu comportamento ou a vontade de Deus queiram me levar. Onde talvez seja feliz ou infeliz; onde não tenha que me preocupar com nada... Mas, até então, não quero pensar nisso. Quero aproveitar todo o tempo que me resta, que talvez seja muito pouco e não me fechar dentro da minha 'partida'. Não cair no eterno silêncio. Só quero viver".

"Às vezes, quando aparece alguma coisa um pouco mórbida ou desagradável numa conversa, penso logo na morte, começo a pensar, quando dizem que alguém passou dessa para melhor, que logo será minha vez, querendo ou não, e penso como tudo acontecerá, talvez seja um acidente ou por uma doença longa ou curta. A verdade é que quero afastar isso da minha mente, porque me horroriza, mas é quase impossível. Falo com meus irmãos de outros assuntos mais alegres ou me divirto brincando com meu irmão menor. Principalmente quando vou deitar, uma sensação de que talvez no dia seguinte eu não levante toma conta de mim.

Tudo isso é ridículo, já sei, mas não é uma fantasia, é algo que realmente ocorrerá antes ou depois, o que me faz pensar ainda mais nisso.

É curioso mas só penso nisso de uns tempos para cá, quando eu era menor isso nunca passava pela minha cabeça".

"Seria interessante saber o que os mortos pensam, o que seria possível dizer quando se sabe que tudo acabou.

A morte é viver num mundo separado, no qual absolutamente tudo está vazio.

Os homens precisam da morte para repensar e analisar o que se fez enquanto se estava vivo, seria como ver um filme que contasse sua própria vida.

A palavra morte soa trágica do ponto de vista daquilo que termina deixando apenas um pequeno rastro, mas o que acontece com o que começa? A idéia não parece muito agradável já que ninguém sabe o que acontecerá depois e quase sempre temos medo do que não conhecemos.

Eu gostaria que os mortos falassem, para tirar a idéia horrível que todo mundo tem na cabeça, já que estou convencida de que a morte não é essa coisa tão horrorosa que todos pensam".

"A morte é algo oculto, que todos sabemos que existe e ninguém sabe como é até que morre.

Num momento de mal-estar todos nós gostaríamos de conhecê-la, gostaríamos de morrer, mas logo depois, depois de pensar um pouco, um estranho medo invade nosso corpo e tentamos retificar o que dissemos, pois depois que esse medo passa não gostaríamos mais de morrer e pensamos que a vida é linda.

A morte é muito bonita quando está longe e a desejamos, mas quando está perto, todos sem exceção desejamos que vá embora e que não se aproxime nunca.

Eu acho que é o recurso para os momentos difíceis, mas quando não há mais dificuldades seria melhor que não existisse. Mas a morte não vem e vai embora quando nós queremos, mas quando ela bem entende, do mesmo modo, você fica a vida inteira pedindo para morrer e quando deseja viver você morre.

Quando algumas vezes você ouve a palavra morte e sente como que um calafrio que percorre seu corpo. Isso é o que essa palavra me lembra, mas gostaria de saber: o que é a morte?".

"A morte é uma palavra que lembra vazio, imensidão, distância, tristeza para uns ou alegria para outros, mas na verdade é só isso, uma palavra.

Acho que a morte em si é algo belo e extraordinário, desconhecido, já que quem a conhece não pode descrevê-la, mas particularmente espero demorar muito tempo para conhecê-la, não por medo dela, que é uma coisa comum, mas porque acredito que ainda não conheço bem a vida para poder desejar conhecer a morte. Mas acredito que algum dia morrerei e espero que nesse dia eu a receba com resignação".

"No final da vida, a morte chega até nós. A morte pode ser de várias formas. Na minha opinião, a mais horrorosa é a morte na juventude, meninos e meninas que morrem sem viver. Por um acidente bobo ou uma doença ou coisas incríveis, ficamos sem pessoas queridas. Muitos morrem sem querer. Mas não acredito que haja pessoas tão desgraçadas a ponto de se suicidarem, tirarem sua vida e por que outras vão se matando aos poucos com coisas tão idiotas como a droga?

Não entendo, acho que são as mortes mais desgraçadas. Porque que um velho morra, não nos dá alegria, mas todos nós temos que morrer.

Quando uma pessoa morre um buraco fica livre, uma marca profunda difícil de apagar nas pessoas que conviveram com ela.

Gostaria que minha morte fosse repentina e depois de ter vivido muito tempo e depois de ter experimentado tudo ou quase tudo de bom e de ruim que há neste mundo".

"O que é a morte? Quase nunca tinha parado para pensar nesse assunto, achava tão chato, tão comum, com jeito familiar. Alguém me disse que a morte era um enorme fundo escuro, um relax eterno. Diante disso, fecho os olhos e tendo a pensar que a morte é algo misterioso, bonito, diante do tom tenebroso e frio que as pessoas deram ao significado dessa palavra. Depois quando abro os olhos penso que sou imaginativa demais e olhando-a de uma maneira mais real repito como um gravador o que freqüentemente escuto sobre ela: 'é um descanso eterno ao qual todo mundo está destinado mais cedo ou mais tarde', mas é possível que a morte, uma coisa tão irreal, possa ser pensada de uma maneira real? Quando era pequena tinha medo dessa idéia dos ratos, dos ataúdes que meus pais utilizavam para me fazer dormir, agora quase não penso na morte e quando penso deixo minha imaginação solta para que ela imagine mundos que eu chamo de 'a morte', mas na verdade, apesar do que todos dizem, eu continuarei pensando que a morte é um espaço intransponível, um beco sem saída que não é possível visitar sem permanecer nele".

"A morte é um objetivo, por assim dizer, sobre o qual todo mundo, alguma vez na vida, já refletiu e meditou, talvez com algumas diferenças ou por alguma experiência que produziu em nós um leve arrepio. A morte pode estar presente em cada um de nós de uma maneira diferente, pode surgir depois de uma longa doença, quando já podemos meditar e parar para pensar que não vai demorar muito para que ela esteja do nosso lado, talvez só a expressão dos rostos familiares e amigos pode nos mostrar isso. Também pode estar presente através de um enorme e horrível acidente, nesse caso vemos a morte chegar em apenas alguns minutos, talvez segundos. Ao pensar nela posso contemplar através da minha imaginação um poço escuro terrível e muito profundo, que terei, num momento qualquer da minha vida, mais cedo ou mais tarde, que atravessar até chegar a seu fundo estreito. Na nossa idade, em plena adolescência, pensar nela é na minha opinião um pecado, porque, paremos para pensar, acabei de nascer e já vou morrer! Ainda não sabemos nada, ainda que acreditemos saber muito da vida, e já queremos nos encontrar com a morte?".

"A morte! Palavra difícil! Cada vez que ouço falar dela tenho a sensação de que não poderia explicar e começo a pensar: o que é isso?

Para que é preciso morrer? O que há por trás dela? Quem dera que eu tivesse resposta para essas perguntas. Estou na flor da idade e no entanto tenho que morrer. É inevitável, mas tão horrível.

O tema da morte não me interessa muito. Vejo-a longe, esquecida. Ainda (graças a Deus) não a vivi de perto.

Tenho medo da morte. Mas um medo muito especial. Gostaria que me dissessem que ia morrer. Admiro de coração aquelas pessoas que, mesmo sabendo que vão morrer, vivem mais e talvez são mais felizes do que nós. Quando? Como? Onde?, são as perguntas habituais. O que eu gostaria de saber é como. Há tantas e tão horríveis! Mas eu gostaria de morrer repentinamente, mas com plena consciência dela".

"Inesperadamente a morte chega. Sem que ninguém imagine, às vezes sem que ninguém queira. É talvez um castigo para a liberdade do homem? Uma obrigação? Um descanso?

Não sei, talvez uma mistura de tudo. A morte se apresenta como uma porta para onde se caminha por um estreito corredor, de uma forma ou de outra não é possível se livrar de chegar até lá e depois de abrir a porta... o desconhecido, o irreal, o misterioso, o sempre sonhado, a incógnita.

A morte física é o de menos, com mais ou menos sofrimento ela sempre chega. Mas a marca da morte moral, o fato de ter que abandonar este mundo e o embaraço pelo desconhecido é o que realmente nos faz temer a morte.

Será que eu particularmente temo essa morte? Talvez, mas não mais do que a teme aquele que se suicida. Aquele que encontra nela o alívio para a vida terrena.

Eu não pretendo lutar contra o inevitável. Quando minha hora chegar, partirei, só pretendo preparar o melhor possível essa minha última viagem, me encher de coragem e me preparar para minha nova vida, ser forte e aceitar meu destino. A vida é só mais um caminho...

'Todo pasa y todo queda
pero lo nuestro es pasar
pasar haciendo caminos
*caminos sobre la mar'"**.

---

* Esses versos são um trecho do poema "Cantares" de Antonio Machado, musicado por J. M. Serrat, cuja tradução literal seria: Tudo passa e tudo fica/mas nossa condição é passar/ passar fazendo caminhos/caminhos sobre o mar. (NT)

"Estamos cansados de saber que todos neste mundo nascemos para morrer. A morte é uma coisa trágica da qual muita gente tem medo, porque eles sabem que se morrerem deixarão tudo isto. É como um passeio que você fez durante um certo tempo e depois vem o chamado da morte. É o toque de recolher da nossa vida.

Sabemos que cada um morre de uma coisa diferente. De acidente, de doença, de velhice, etc. A morte pode ser boa ou ruim, pois há muitas pessoas que estão sofrendo muito neste mundo e é preferível para elas morrer, por outro lado, há pessoas que precisam viver, porque são muito jovens, têm filhos e porque têm coisas nesta vida que não podem deixar. Em geral, o que elas mais temem abandonar é a família, amigos, etc. Porque são pessoas com as quais você conviveu, chegou a gostar muito delas e dá pena deixá-las ou ser deixado por elas, saber que você nunca mais vai vê-las, a não ser que lá em cima haja algo nos esperando e possamos fazer uma segunda vida".

"O que é a morte? O final de uma vida talvez, o começo de uma nova, ou talvez, a volta ao nada do qual viemos.

Ao pensar na morte sentimos temor, temor... Não será porque estamos apegados demais à vida – às coisas materiais – e ficamos com pena – ou temor – de deixá-la? E se existir uma vida melhor? Apesar de que todos preferiríamos não arriscar e tentar ficar por mais tempo nessa aqui. Se pudéssemos deter a vida e não chegar até o fim...

Temos medo. Não conseguimos aceitar a idéia de deixar este mundo, de deixar os amigos, os momentos felizes.

Mas, na verdade, o que é que nós somos? E o que chegaremos a ser? Máquinas, robôs, sempre correndo, estando a par disso e daquilo, não seria melhor ficarmos despreocupados e viver nossa vida sem ter que dançar ao ritmo da música? Quando o final chegar, nos arrependeremos de ter feito o que fizemos e de não conseguir o que queríamos.

Mas, alguém na verdade sabe... o que é a morte?".

"É a passagem para outra etapa da vida, em direção a algo jamais visto, mas imaginado.

Eu, não sei por que, tenho medo dela. Talvez seja porque não sei o que me espera depois dela ou porque não sei como ela vai acontecer;

talvez de maneira imprevista, sem que eu esteja esperando, sem poder refletir sobre o que está me acontecendo; ou pode ser que tenha tempo suficiente para perceber o tempo que me resta para aproveitar esta primeira vida.

É um estado do corpo, impossível de evitar que se transforme. Que deixa você imóvel, não só nos movimentos, mas também na capacidade de pensar, sentir e captar qualquer sensação.

Pode ser que depois da morte não exista nada mais que mereça ser vivido; mas também pode ser o contrário, algo maravilhoso, mais interessante que tudo o que podemos conhecer agora.

Acredito que é como uma aventura, pela qual todos temos que passar, longa, como um destino inevitável e desconhecido".

"A morte sempre significou para mim: medo, temor, respeito, pavor... Imagino a morte como um poço preto, grande, com infinitos braços longos, que num momento determinado tira você do seu contexto e acaba com você para sempre. Momento de agonia, triste, de curiosidade talvez de saber o que há para além desta cortina fina mas difícil de remover. Além disso não é muito discreta: absorve você atuando de qualquer maneira e a qualquer momento: assassinado a facadas, passeando pelo campo, no cinema... É um assunto um tanto macabro e maligno, que me atrai e por um instante gostaria de morrer (só por curiosidade) mas com o certificado de garantia de que viveria a vida de novo".

"A morte, tantas vezes desejada. Mas desejada de verdade? Não, ouvimos 'desejaria morrer', mas é uma frase feita que quase não tem sentido, dizemos num momento de depressão e mau humor. No fundo do pensamento de quase todo mundo, por não dizer todo mundo, existe um desejo de vida. Por que queremos viver? A vida nos dá sofrimento, dores, cansaço... A morte pode ser o descanso, a tranqüilidade e, no entanto, nem sequer gostamos de falar nela.

Talvez porque seja algo desconhecido, quase um mistério e isso nos faz pensar que pode ser melhor, mas se for pior?".

"A morte é algo estranho para mim, um mundo a ser descoberto. Como a maioria das pessoas, sinto pavor diante da idéia de morte e não sei se é pela forma como morrerei ou pelo que me espera no além.

Sim, me apavora a idéia de pensar que posso morrer atropelada num acidente ou ser vítima de uma terrível doença ou tantas e tantas coisas, penso então que todas as formas de morrer são dolorosas, com exceção de muito poucos casos.

Mas depois de tudo isso, vem o quê? Naturalmente até agora ninguém pôde contar, pode até ser que, em vez dessa imagem obscura que temos da morte, ela seja uma segunda vida, um mundo espiritual e mais agradável e, inclusive, não seria possível que ao terminar esta primeira missão na vida vivêssemos de novo, reencarnando em outra pessoa diferente e assim repetindo o ciclo? São todas hipóteses e perguntas sem resposta, mas sem dúvida é algo que teremos oportunidade de comprovar".

"A 'morte' é essa palavra tão monstruosa que prefiro não pensar nela. A morte, sempre me desagradou essa idéia de deixar o mundo no qual vivemos e passar a ser um monte de ossos debaixo da terra. Quando penso na morte sinto um arrepio pelo corpo, por isso quando alguém morre e vou ver depois tenho grandes pesadelos. Além disso, o morto sempre deixa um buraco no coração que nunca poderemos preencher. Não sei por que, mas sempre que alguém vai morrer ficamos horrorizados com essa idéia, mas talvez deveríamos analisar os prós e os contras e então seria bem diferente.

Quando alguém vai morrer pensa que tudo acabou para ele e não pensa: o que será que existe depois deste mundo? Mesmo que ninguém goste da idéia de morrer, acho que teríamos que encontrar algo na morte que nos desse ânimo para enfrentá-la".

"A morte é algo que algum dia levará todos nós, mais cedo ou mais tarde, pois a lógica diz que não podemos viver eternamente.

Para mim a morte é uma coisa horrivelmente assustadora, há algum tempo a desejava, porque me sentia como uma menina solitária no mundo, mas isso é uma coisa que acontece com todas as meninas mais ou menos da minha idade quando têm algum problema e agora percebo que é uma besteira total, pois se há problemas no mundo é preciso enfrentar todos eles e não ser covarde e se suicidar.

Pronunciar a palavra morte me dá pânico, mas vê-la me dá ainda mais horror; quando vejo um morto, fico toda arrepiada e sinto que o sangue nas minha veias fica gelado, mas acho que isso acontece porque fico me imaginando ali, naquela cama onde vi morrer um doente e então sinto realmente o horror rondando todo meu corpo".

"A morte é algo que, dependendo do meu estado de ânimo, me deixa indiferente ou me apavora ao ponto de ter ataques de histeria. Afinal de contas, o que é a morte? Um novo confronto do homem com o nada, a eternidade. E Deus? Existe? Não posso negar, mas também não posso afirmar.

Acho que ao morrer o tempo e o espaço desaparecem. Eu me conformaria se ao morrer tudo fosse como antes de eu ter sido gerada. NADA.

Mas entendo a morte corporal, que é mais ou menos visível, mas como a psique morre é uma incógnita, como muitas outras que só a morte pode resolver".

"Eu tenho um pouco de medo da morte, dessa hora que está marcada para cada um de nós desde que nascemos e que às vezes desintegra tantas famílias. O medo que tenho talvez se deva ao fato de não saber o que encontrarei lá onde eu estiver, se tudo vai ser como aqui, melhor ou pior. Também tenho medo de deitar e não levantar mais. A morte é uma coisa que não sai da minha cabeça e na qual penso a todo momento, fazendo várias perguntas que algum dia conseguirei responder, quando chegar a minha hora, que espero que seja o mais tarde possível, apesar de que eu não posso fazer nada para evitar isso".

"O que é a morte? No fundo não sei; muitas vezes falei sobre ela, mas acho que nunca soube com certeza o que essa palavra significa, talvez signifique fim, não sei. Dizem que a morte é o final da vida e que por isso é horrível, porque a vida é bela e a morte corta a vida.

Mas eu acho que na vida também existe morte, porque ela não é tão bela como dizem e além disso a vida é composta de morte. Se uns não morressem, outros não nasceriam. E a morte não é bela quando já não há mais nada a fazer? Eu acho que cada um tem um trabalho na vida e quando o realizou deve deixar um intervalo de tempo entre este e seu próximo trabalho e esse intervalo é a morte.

Porém, tenho medo dela, não de abandonar o que me rodeia, mas de alguma coisa que não conheço, mas acredito que esse sentimento é muito comum".

"A morte é o complemento da vida, o que lhe dá sentido. A vida sem morte não seria nada porque ao não ter medo dela deixaríamos as coisas para depois, nada teria interesse para nós no momento, porque poderíamos fazê-lo três ou quatro séculos depois. Assim, ao dispor de um tempo limitado, tentamos aproveitá-lo o máximo possível, vivê-lo, senti-lo.

Agora desejamos que não exista morte, mas se não existisse desejaríamos que ela estivesse entre nós, porque tudo acaba nos cansando e quanto mais temos, mais desejamos ter.

Se nos colocassem diante de tudo o que desejamos e sabendo que a morte não nos afetaria, no começo seríamos felizes, mas, pouco a pouco, desejaríamos ter aquilo que não temos, a única coisa que ficaria faltando: a morte".

"A morte não é o fim da vida, não é o começo de outra, é simplesmente o que é com tudo o que ela tem de descanso, de descanso..., de medo também, mas não medo dela, mas das minhas representações simbólicas, dos meus sonhos. A morte observa as coisas que fazemos ao longo da vida pacientemente, mas nunca nos espera no final do caminho, porque não há caminho, mas espera.

Há pessoas que não se importam de morrer, eu era uma delas porque me sentia bem aqui, na terra. Agora não quero morrer principalmente por medo, mas não medo dela e sim de mim mesma".

"A palavra 'morte' me diz muito pouco, pois não conheço seus resultados nem para que ela serve.

Algumas vezes procurei a morte rápida como solução ou saída de um estado no qual me encontrava, mas quando estou bem e não tenho nenhuma razão para desejá-la, não a procuro, mas algo dentro de mim me diz que na verdade estou esperando por ela.

Analisei friamente em certos momentos o que aconteceria se eu morresse e cheguei à conclusão de que gostaria de morrer quando alguém fosse sentir realmente minha falta, pois se agora isso acontecesse acho que ninguém sentiria muita falta e não gosto disso.

Também pensei algumas vezes de que maneira gostaria de morrer e pensei que devia ser uma morte rápida, sem dor e principalmente tudo na hora em que eu quisesse.

Há dois anos tentei me suicidar, mas agora que olho para trás vejo que foi uma reação boba e além disso sei que não estava tentando morrer porque realmente queria, mas para fugir de uma situação que eu achava insuportável.

A morte é (na minha opinião) um final que devemos simplesmente esperar mas sem procurá-lo; é mais um dos estados pelo qual devemos passar e passaremos".

"Não é uma tarefa fácil falar assim, de cara, sobre a morte; principalmente porque na verdade mal sabemos o que ela é.

É tão fácil dizer precisamente o momento em que um corpo deixa de estar vivo para passar a ser um cadáver!

E mesmo assim nem tudo morre num corpo morto, as unhas, o cabelo continuam crescendo durante um certo espaço de tempo depois do falecimento.

Mas, o que é a morte? Talvez seja a última saída que resta, o último recurso ao qual nos aferramos depois que tudo falhou. Talvez seja o último caminho para fugir do desespero e talvez (por que não?) uma recompensa final, desconhecida e misteriosa, é verdade, e por isso temida.

Mas a morte não é como dizem, terrível, implacável, impiedosa, a morte supõe um renunciar à vida para deixar um lugar para quem virá depois. A morte é um descanso justo, para a alma fatigada de lutar e trabalhar, de sofrer... e, por que não?, de amar".

"Há muitas maneiras de reagir diante da morte, mas a maioria de nós responde com uma postura de medo. Só algumas pessoas se liberam desse medo (ou talvez nunca sentiram, mas não acredito, porque ele é inculcado em nós desde o começo) e vivem naturalmente até chegar a hora.

Acho que as pessoas medíocres, que não atingiram esse objetivo que todos nós nos empenhamos em alcançar, temem mais a morte, ficam com pressa de atingir um grau de perfeição maior (não acho que seja por causa do julgamento de Deus), simplesmente porque isso satisfaz e assim dá a impressão de que você não viveu em vão. As pessoas, pelo contrário, que estão completamente insatisfeitas e tristes não temem a morte, já que quase a desejam para acabar com tudo isso. E por último, as pessoas felizes (não as que acreditam ser) também não costumam ter muito medo, apesar de que eu acho que entre elas há reações mais diversas.

Penso que o medo diante da morte é um problema cultural que vai se transmitindo constantemente".

"A morte é um assunto tão sombrio e triste para mim que não sei se vou saber expressar em palavras o que na verdade sinto. Quando alguém morre, fica um vazio que por mais que se tente é impossível preencher de novo. Eu sozinha no meu quarto com minha incerteza à flor da pele pensei o que seria de mim se alguém me faltasse, nunca encontrei uma resposta. Mas não estou dizendo a verdade, encontrei um consolo num livro de contos sobre um menino que visita o castelo onde estão todos seus antepassados mortos. Com essa bela história entendi que nada desaparece realmente, mas voltamos a encontrá-lo, se realmente sabemos vê-lo. Pois bem, esse consolo não me serviu de quase nada, logo esqueci e hoje praticamente não me lembro dele. Continuo pensando que a vida é triste e que nascemos para morrer, depois de levar uma vida que costuma estar cheia de desgostos, mas não devemos ser injustos, na vida existem também coisas belas, que se sabemos ver, podem tampar um pouco a ferida dos momentos ruins.

Suponho que isso possa parecer a opinião de uma pessoa completamente fatalista e é verdade, uma boa parte de mim é feita de pensamentos negativos e pessimistas. Para acabar, gostaria que as pessoas pudessem acreditar na história do menino e que ela servisse para ajudar alguém, já que não me ajudou.

A morte é algo sombrio, obscuro e tenebroso. De profundo fim e eminentemente incomensurável".

"A obsessão da morte, sempre a terrível obsessão da morte. Meu medo era à impotência, a raiva, a morte, bom, era e é, porque esse medo ainda existe, lembro que quando era pequena tinha terríveis pesadelos onde a religião e os mortos apareciam como uma coisa só, essa etapa foi difícil de superar e hoje, quando supostamente eu deveria ter superado tudo isso e aceitado os rituais que o homem estabeleceu em torno da morte, estou ainda mais confusa e perdida em algo que não conheço. Às vezes me pergunto se a morte estaria baseada no desconhecido, se é preciso que se desconheça alguma coisa para continuar existindo. É horrível pensar que você pode morrer no anonimato, sem que ninguém fique sabendo, sem que nada fique do que você viveu, nem uma frase, nem um poema, nem algo que representasse um pouco da sua vida; mas ainda mais horrível é se entregar aos homens quando você não pode mais dizer nada, deixar que eles mexam num corpo que não reclama, ver como aumenta ainda mais o desespero de quem está chorando de verdade. Talvez isso que eu estou dizendo todo mundo já saiba, mas não posso nem gostaria de esboçar teorias sobre o que deve existir depois da morte, não sei, além disso não me chama a atenção, prefiro saber o que significa na vida a morte dos outros ou simplesmente o que se sente ao sentir a morte próxima, que tipo de medo é o medo da morte.

Minha única saída contra um tipo de morte que não me agrada é o suicídio, mas como alguém já disse, às vezes é melhor não ser valente demais.

Não vivi muitos anos, mas levo o medo da morte nas veias e como disse muitas vezes quando me perguntam sobre esse assunto: não sei... não sei... não sei... Que impotência absurda".

"A morte é uma sombra preta inevitável que rodeia a todos nós. Quando a morte se cansa de vagar a sua volta, ela vai embora, mas de tal modo que nunca mais será necessário que ela volte.

É uma fada maligna. Quando você precisa dela, ela não liga, mas quanto mais vontade de viver você tem, mais ela o abandona, cercado de madeira e com uma grande manta de pedra e uns lençóis de terra. Você nunca terá frio de novo e nem sentirá dor.

Os vermes tomarão conta do seu corpo até não poder mais. Logo você será somente pó e mais tarde você se transformará em nada.

A morte está por toda parte: desde o coração fiel de uma criança, até o corpo trêmulo do ancião. Está inclusive dentro do animal mais vil, no punho do seu melhor amigo, em...

Podemos encontrá-la a qualquer momento, mas onde, quando? Não sei, também não acho que alguém saiba".

"A morte. Situação irremediável. Enquanto que a vida pode ir sendo modificada de acordo com seus atos, seus pensamentos, seu estado de ânimo, a morte é nosso destino comum. Todos encontraremos nela nosso fim, com essa mulher que mais cedo ou mais tarde vai nos dar a mão. A morte. Talvez algo belo para alguns, para esses que a vida não tratou favoravelmente.

Para outros é esse terrível destino fatal do qual é melhor não falar. A morte. Essa coisa tão atraente que faz eu me 'coçar' de curiosidade para vê-la. Essa coisa tão misteriosa que com certeza todos vamos conhecer".

"Não sei o que me acontece. Sinto uma sensação estranha: a morte. Na verdade não sei o que é a morte. O que vou encontrar? Sempre me disseram que verei Deus e serei feliz, mas não consigo acreditar.

Agora vejo as pessoas à minha volta. Alguns choram, mas nem todas as lágrimas são sinceras. Gente que nunca me fez bem, agora sofre pela minha morte. Que hipócritas que as pessoas são. Gostaria de lhes dizer que elas podem até enganar os outros, mas eu sei o que pensam.

Outros choram por eles e não por mim. Sentem minha morte, mas egoisticamente; e os que a sentem por mim, por que choram? Se pensam que vou ser feliz, por que ficam tristes? Não entendo.

A verdade é que, apesar de que não me importo de morrer, gostaria de viver mais. Desconheço tantas coisas...

Agora quase não os vejo, quer dizer, não vejo seus corpos: vejo suas almas. Que sujas! Há uma ou outra que se salva. Meu pai me dá muita pena. Ele tem a alma muito limpa porque é um homem bom.

O mundo poderá continuar sem mim. Lógico! Eu vou para o vazio, a alucinação, o não ser nada. Acabo e não vejo nada no além, porque tudo o que dizem é mentira. Pena que a gente fique sabendo tão tarde! Esperem: ali no fundo há uma luz. Vou em sua direção e... bom, algum dia vocês chegarão lá".

"A morte é uma palavra indefinível. É um vazio que se forma numa pessoa. Ou o que é na verdade? Quantas vezes teremos dito essa palavra apavorante, MORTE. É algo obscuro, enfim, sem fundo. É uma palavra que na prática muita gente teme, pois deixam este mundo para não voltar mais. Mas na verdade passamos a outro mundo, ninguém sabe como é nem o que se sente. Ninguém sabe nada de nada sobre esse mundo, exceto que ele está ali, que algum dia chegará a hora para algum de nós, que passará para esse mundo e nunca mais voltará. Quando uma pessoa querida morre sentimos um profundo vazio e pena. Pena de quê? Por quê? Não sabemos onde está nem quando vem. Pode ser que a morte esteja dentro de nós mesmos e seja possível saber a hora de partir com ela quando a sentimos de verdade. Nos últimos segundos de vida. Quantas vezes sentimos a morte próxima, simplesmente pressentimentos, um vento gelado por dentro. Ninguém pode fazer nada diante da morte, não podemos evitá-la, nem esquivá-la, nem enganá-la, nem atrasá-la".

"A morte é o fim da vida. É algo tenebroso e obscuro pelo qual todos teremos de passar.

Para mim é algo terrível, pois mesmo que digam que depois da morte você passa para uma vida melhor, como eu não sei, não vejo nenhuma graça na idéia de morrer. Poucas vezes me perguntei quando chegaria minha hora de morrer, pois como sei que no final das contas terei que passar, tento aproveitar o máximo possível esta vida que com certeza um dia vai acabar.

A idéia de morrer não me dá medo, pois a verdade é que eu ainda vejo isso tão distante que não consigo imaginar que talvez amanhã, depois de amanhã, ou hoje à tarde mesmo a morte venha me rondar, apesar de que tudo é possível, pois contra a morte ninguém pode lutar".

"Gostaria de encontrar uma definição, um por que sim e um por que não. Nunca a temi, mas muitas vezes a desejei, inclusive tentei antecipá-la, mas não consegui, talvez tenha sido melhor ou pior, ainda não sei. Vi a morte próxima e sei o quanto nesses momentos, apesar de ter sido provocada por mim, ama-se a vida, sim, ama-se de verdade, você tenta se agarrar a ela, não largar, mas quando você volta para esta vida, para este mundo, você deseja a morte de novo e então fica esperando por ela e ela chegará. Posso dizer que naquele momento tive medo da morte; isso que sempre chega sem avisar e causa grande dor; mas às vezes a desejo. Não é covardia, mas angústia e desespero por causa deste mundo e de suas pessoas.

Agora tenho uma grande quantidade de perguntas para ela, quando chegará? Como será? Será que vou aceitá-la? O que vai acontecer, tudo vai se arranjar ou vai ficar ainda mais complicado?

Espero que um dia possa responder, mas por enquanto prefiro não lembrar nem pensar nisso, inclusive não posso continuar escrevendo, pois não acho palavras para meus sentimentos e além disso são só meus".

"A morte é para mim um dos maiores mistérios que temos na vida. A morte é se reencontrar com o além do qual viemos. Este assunto todo encerra muitas dúvidas. Tudo é muito incerto, tudo são suposições. Uma dúvida que eu sempre tive é se, ao voltar ao além de que dizem que viemos, vamos continuar conservando todos nossos sentidos, a razão, o sentimento, mesmo que percamos nosso corpo. Ou será que vamos fazer parte do nada".

"O que é a morte? É a pergunta que todos nós fazemos, mas que é muito difícil de responder. É algo transitório e pelo qual todos devemos passar, querendo ou não.

Há muitos tipos de morte, pois muitas vezes, mesmo estando vivos, é como se estivéssemos mortos, acabados. São momentos em que a vida, a morte, tudo importa tão pouco.

Mas na verdade sempre se sente um medo irremediável disso. É uma palavra que assusta, pois traz consigo uma série de coisas que você não conhece. Ninguém pode saber o que acontecerá depois de morrer, pode ser que tudo acabe definitivamente, que não exista mais, nem de uma maneira (corpo) nem de outra (alma).

Mas na verdade pouco importa, assim como a vida, essa vida monótona, triste, sempre fazendo a mesma coisa, na verdade parecemos máquinas e não pessoas, daí que morte seja tão pouco importante, ao menos para mim. Também pode ser que eu ache isso porque a vejo distante.

Muitas pessoas não compreendem como outras podem se suicidar, eu já acho que na época em que vivemos é algo muito normal. Este tempo no qual tudo é dinheiro, especulação, material... No final ficamos cansados, com nojo das pessoas, da sociedade, de tudo e então para que continuar vivendo? Para que se preocupar? Então é necessário um pouco (quem sabe um muito) de valor e a vida perde todo seu sentido".

"Perguntam-me o que é a morte e não consigo nem defini-la, é algo que está esperando por nós atrás de cada esquina, que é matemático e que leva ao fim de outra palavra, a vida.

É possível entender a morte como a contradição da vida, também pode ser a liberação total, já que toda liberdade que queremos na vida a encontramos de repente na morte.

Desde que nascemos sabemos que a morte nos espera e crescemos e sabemos que a morte nos espera e ficamos velhos e vemos a morte tão perto de nós que a desejamos toda noite, até que ela chega.

A morte, palavra sonora e profunda, que ao se pronunciar envolve a luz de sombras e os rostos se contraem, o medo invade os corações, o medo de perder a luz, o vento, a alegria, medo de perder o medo e o ódio, medo do que vai acontecer e de nos transformarmos em pó, medo de perder a vida.

A morte, mulher vestida de branco que espalha paz, sempre é temida; aliada do tempo e da velhice, sempre é envolvida de sombras e escuridão, quando na verdade a morte é paz e liberdade.

Ainda que a morte nos rodeie diariamente, tentamos esquecê-la, queremos destruí-la sem conseguir, só quando ela está próxima pedimos para continuar vivendo.

Todas as penas e tristezas assim como as coisas amadas e os desejos se acalmarão um dia e a morte virá pouco a pouco e morreremos, não podemos escapar e ela chamará todos nós um dia.

A morte, liberação das milhares de almas mortas pouco a pouco na vida".

markgraph
Rua Aguiar Moreira, 386 - Bonsucesso
Tel.: (021) 564.1056 Telefax.: (021) 270.9656
Rio de Janeiro - RJ